小学校
新学習指導要領
社会の授業づくり

前文部科学省視学官
国士舘大学教授
澤井 陽介

明治図書

まえがき

新学習指導要領が平成29年3月に告示されました。また、その解説書も発刊されました。新学習指導要領の目標や内容の詳細については、それらを読んでいただくことの方がよいと思います。

本書の役割は、学習指導要領が改訂された背景や新学習指導要領の趣旨をできる限り分かりやすい言葉で届けることです。また、新学習指導要領が目指す授業づくりや授業改善について、具体的な方策を読者の皆さんと一緒に考えることです。

学習指導要領の改訂では、変わったことばかりに目が行きがちになります。しかし、変わらないで続いている大切なこともたくさんあります。当然ながら、授業づくりにもこれまで通りに続けていくべきことがあります。

本書では、新学習指導要領の社会科の授業づくりについて、これまでと変わらずに重視していくべき事項を「基礎・基本」と、新学習指導要領で新たに重視されたり、あらためて強調されたりした事項を「新ＣＳ（学習指導要領）」と、それぞれマークを付けて書き分けて、双方をバランスよくミックスさせながら説明することをねらっています。

読者の皆さんは、あれもこれも全てと考えずに、ご自分の授業に足し算できそうなことや考え方を整理できそうなことをつまみ食いで読んでいただければ幸いです。また、社会科の授業を基礎から学ぼうとする人も、社会科の研究を深めようとする人も、それぞれにとって必要な個所を重点的に読んでいただき、それぞれのお立場で授業改善に生かしてくださることを願っております。

結びに新学習指導要領の移行期に差し掛かる貴重な時期にこのような機会をくださった明治図書出版の皆さま、とりわけ本書の執筆に当たってご支援くださった及川誠様に心よりの感謝をお伝えいたします。

二〇一八年四月

澤井　陽介

もくじ

CONTENTS

第2章 新学習指導要領とこれからの社会科の授業づくり

※基礎・基本（●基礎・基本と記述）

※新学習指導要領で求められている新しい要素（●新CSと記述）

もくじ

CONTENTS

第3章 新内容の授業づくりのポイント

第1章

新学習指導要領が目指す社会科

CHAPTER 1

社会科の目標のポイントをつかみましょう

新学習指導要領では、各教科等の目標が大きく見直されました。社会科も同様の見直しがなされました。しかし、社会科の目指すものが大きく変わったわけではありません。過去の学習指導要領をひも解いて分析しながら、社会科にとって不可欠な言葉を選び出していきました。また、未来を生きる子供たちに必要な資質・能力をそこに加えていきました。

▼社会科の目標は三つの柱に沿って整理された

新学習指導要領の社会科の目標は、「柱書」と「資質・能力の三つの柱」で構成されました。「柱書」には「見方・考え方」「課題解決の学習活動」という社会科で重視すべき学習プロセスと「公民としての資質・能力の基礎」という究極目標が、総括的に描かれました。「資質・能力の三つの柱」は、学校教育法30条2項に示された「知識及び技能」、「思考力、判断力、表現力等」、「主体的に学習に取り組む態度」を柱にして、社会科ならではの要素を盛り込みました。ただし、「主体的に学習に取り組む態度」は「生きる力を育成する」という文部科学省がこれまで掲げてきた大きな目標を視野に入れるとともに、欧米などのカリキュラムを参考にして「学びに向かう力・人間性等」とされました。それらの結果、社会科の目標は次のように整理されました。

社会的な見方・考え方を働かせ、課題を追究したり解決したりする活動を通して、グローバル化する国際社会に主体的に生きる平和で民主的な国家及び社会の形成者に必要な公民としての資質・能力の基礎を次のとおり育成することを目指す。

(1) 地域や我が国の国土の地理的環境、現代社会の仕組みや働き、地域や我が国の歴史や伝統と文化を通して社会生活について理解するとともに、様々な資料や調査活動を通して情報を適切に調べまとめる技能を身に付けるようにする。

(2) 社会的事象の特色や相互の関連、意味を多角的に考えたり、社会に見られる課題を把握して、その解決に向けて社会への関わり方を選択・判断したりする力、考えたことや選択・判断したことを適切に表現する力を養う。

(3) 社会的事象について、よりよい社会を考え主体的に問題解決しようとする態度を養うとともに、多角的な思考や理解を通して、地域社会に対する誇りと愛情、地域社会の一員としての自覚、我が国の国土と歴史に対する愛情、我が国の将来を担う国民としての自覚、世界の国々の人々と共に生きていくことの大切さについての自覚などを養う。

ここで、この目標に至った検討経過を含めて、新学習指導要領の小学校社会科の目標についてのポイントをまとめていきます。

1

知識は「社会生活についての理解に関する知識」である

小学校社会科で子供が身に付ける知識を一言で説明せよと言われたら、このように答えます。それらは次頁の図1のように社会生活についての理解を図るための知識です。「〜を通して」と書いているのはその構造を表しています。

社会生活について理解するとは、人々が相互に様々な関わりをもちながら生活を営んでいることを理解することですが、このことについては社会科でない他の教科等においても同様の理解を図る内容があります。そのため社会科では、社会を見る窓として、地理的な内容、歴史的な内容、公民的な内容を位置付けて、それらを通して人々の社会生活を理解するように構成されているのです。各学年の知識に関する目標に「人々の生活との関連を踏まえて理解する」（3年・4年）「国民生活との関連を踏まえて理解する」（5年・6年）と書かれているのは、地理的な内容、歴史的な内容、公民的な内容そのものの理解にとどまるのではなく、そこから人々の社会生活について理解する授業を意図しているからです。

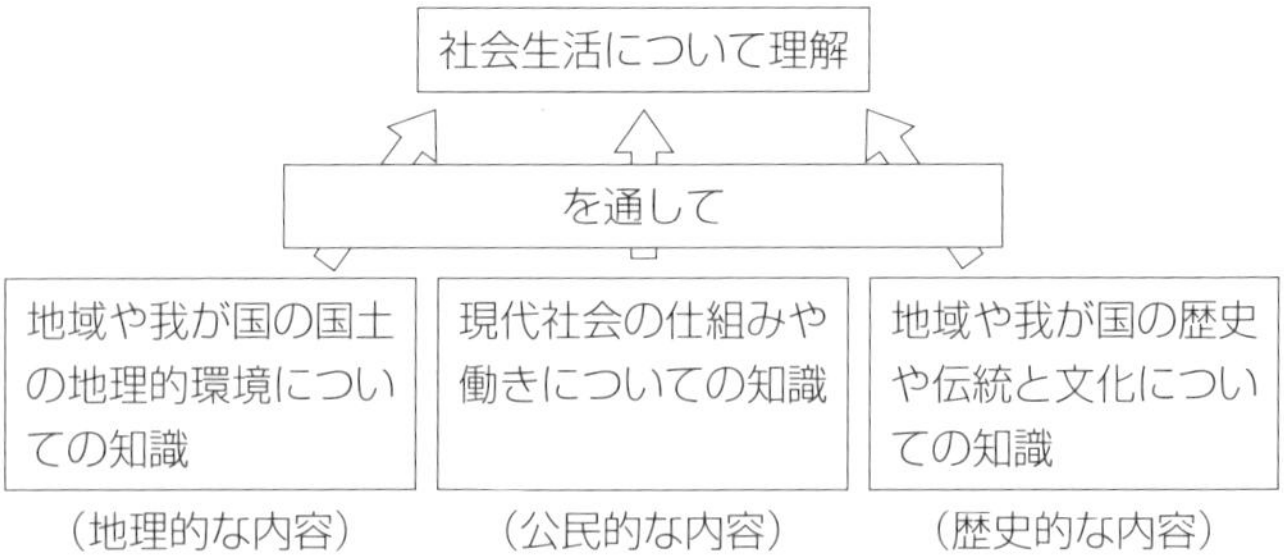

図１

▼社会を見る窓を三つに区分

小学校社会科は、中学校社会科の３分野（地理的、歴史的、公民的）構造とは異なり、社会的事象を総合的に学ぶ教科と言われてきました。

しかし、小学校の先生方に聞くと「なぜスーパーマーケットを学習するのか」「なぜ今地域のお祭りを取り上げているのか」など、その内容がなぜ必要なのかを自覚して指導しているとは言えない状況でした。そこで、中学校の内容とともに「社会科の内容の全体像」を整理することになったのです。難しい言葉で言えば「内容構成の原理」が必要だったということになります。

この内容構成の原理があれば、今後、学習指導要領の内容を改訂していく際にも、内容のバランスや重点を考える際の根拠になります。また、国際理解教育、食育、環境教育、キャリア教育など、○○教育というと実社会を対象とする教育なので、社会科と関わる内容が多いものですが、これらと主客転倒することなく、社会科でこそ必要な内容を考えていく拠り所になります。

こうした背景から、各学年の内容を枠組みに沿って整理・区分したものが次頁の図2です。新学習指導要領の「解説　社会編」の巻末には中学校社会科の内容も含めて示してあるので参照してみてください。

地理的な内容、歴史的な内容、公民的な内容は、それぞれ別個のものではなく、相互につながり合っていることも見て取れると思います。この結び付きの多さが社会生活について理解する小学校社会科の特徴でもあります。

枠組み
地理的環境と人々の生活
現代社会の仕組みや働きと人々の生活
歴史と人々の生活
対象
地域
日本
世界
経済・産業
政治
国際関係
地域
日本
世界
小学校
3年
(1) 身近な地域や市の様子
イの(ア)「仕事の種類や産地の分布」
(2) 地域に見られる生産や販売の仕事
イの(ア)「市役所などの公共施設の場所と働き」
(3) 地域の安全を守る働き
内容の取扱い(4)のウ「国際化」
イの(イ)「外国との関わり」
(4) 市の様子の移り変わり
4年
(1) 県の様子
(5) 県内の特色ある地域の様子
アの(ア)「47都道府県の名称と位置」
(2) 人々の健康や生活環境を支える事業
内容の取扱い(3)のイ「開発，産業などの事例（選択）」
(3) 自然災害から人々を守る活動
内容の取扱い(4)のア「国際交流に取り組む地域」
内容の取扱い(4)のア「地場産業，伝統的な文化（選択）」
内容の取扱い(1)のイ「公衆衛生の向上」
イの(ア)「過去に発生した地域の自然災害」
(4) 県内の伝統や文化，先人の働き
5年
(1) 我が国の国土の様子と国民生活
イの(ア)「生産物の種類や分布」
イの(ア)「工業の盛んな地域の分布」
(5) 我が国の国土の自然環境と国民生活との関連
イの(ア)「世界の大陸と主な海洋，世界の主な国々」
アの(イ)「自然環境に適応して生活していること」
(2) 我が国の農業や水産業における食料生産
(3) 我が国の工業生産
(4) 我が国の情報と産業との関わり
(5) 我が国の国土の自然環境と国民生活との関連
イの(ア)「輸入など外国との関わり」
イの(ウ)「貿易や運輸」
イの(ア)「生産量の変化」
イの(イ)「技術の向上」
イの(ア)「工業製品の改良」
イの(イ)「情報を生かして発展する産業」
6年
イの(ア)「外国の人々の生活の様子」
(1) 我が国の政治の働き
イの(イ)「我が国の国際協力」
(3) グローバル化する世界と日本の役割
(2) 我が国の歴史上の主な事象
内容の取扱い(2)のオ「当時の世界との関わり」
アの(サ)「国際社会での重要な役割」

図2

2

技能は「社会的事象について調べまとめる技能」である

社会科で子供が身に付ける技能を一言で説明せよと言われたらこのように答えます。もう少し詳しく言えば、社会的事象に関する情報を集め、読み取って、まとめる技能です。現行（平成20年告示）の学習指導要領では、社会科における技能は「社会的事象を観察、調査するとともに、地図や各種の具体的資料を効果的に活用し」（第3学年及び第4学年の目標）、「社会的事象を具体的に調査するとともに、地図や地球儀、統計（年表）などの各種の基礎的資料を効果的に活用し」（第5学年、第6学年の目標）と書かれています。そのことを踏まえて、文部科学省が示した評価に関わる通知（平成22年）では、「観察・資料活用の技能」と評価の観点例が設定されています。このことについては、平成20年以前もほぼ同様でした。そんな経緯から、小学校社会科における技能は「観察・資料活用の技能」と捉えられていました（中学校社会科では「資料活用の技能」のみ）。

今回の改訂では、小・中学校の社会科の技能を、高等学校の地理歴史科、公民科を含めて検討して整理することになりました。その結果、小・中・高等学校において共通する技能は、「情報を収集する技能」「情報を読み取る技能」「情報をまとめる技能」であるという結論に至りました。地理、歴史、公民の学習内容の違いを考えても、調査する対象や資料の内容が異なるだけで、これらの技能に変わりはないということです。これまで示していた「観察」や「資料活用」については、それらの技能のための手段であるという整理です。

▼技能は繰り返し使って「習熟」を目指す

技能についても、新学習指導要領の「解説　社会編」の巻末に中学校や高等学校も含めて整理していますので参照してください。簡単にしてまとめると次頁の図3になります。すなわち技能については、小・中・高等学校における「技能の発達」を区分して考えるのではなく、調査対象や資料を変えながらも社会的事象に関する「情報を収集する技能」「情報を読み取る技能」「情報をまとめる技能」を学習の中で「何度も発揮し習熟していく」ように指導するという捉え方が適切であろうとなったわけです。技能が上達していく

○情報を収集する技能
（手段を考えて問題解決に必要な社会的事象に関する情報を収集する技能）
・調査活動を通して（見学調査，聞き取り調査などの活動）
・様々な資料を通して
・情報手段の特性や情報の正しさに留意して
○情報を読み取る技能
（収集した情報を「社会的事象の見方・考え方」に沿って読み取る技能）
・情報全体の傾向性を踏まえて
・必要な情報を選んで
・複数の情報を見比べたり結び付けたりして
・資料の特性に留意して
○情報をまとめる技能
（読み取った情報を問題解決に向けてまとめる技能）
・基礎資料として
・分類・整理して
・情報の受け手に向け手に向けた分かりやすさに留意して
＊小学校社会科を視野に表現を一部修正しています。

図3

過程があるとすれば、それは資料が難しいものになったり、複数の資料を結び付けて読み取ったりする方法が難しくなったりすることに依る、つまり「内容やその組み合わせ方」に依るものであろうということです。

これらの記述は、技能の評価規準としても参考になるものと考えられます。

3

思考力、判断力は「社会的事象の特色や意味などを多角的に考える力」と「社会への関わり方を選択・判断する力」である

知識や技能に比べると多少長い説明になります。思考力と判断力は相互に関連し区分しづらい能力なので、あえて分けてはいませんが、どちらに傾斜がかかるかは読んだ通りです。

▼社会科における思考力、判断力を「現在」と「未来」の観点から明示

正確には、思考力、判断力は「社会的事象の特色や相互の関連、意味を多角的に考える力」と「社会に見られる課題を把握して、その解決に向けて社会への関わり方を選択・判断する力」です。

「社会的事象の特色や相互の関連、意味を多角的に考える力」は、これまでの説明に「多角的」を加えたものです。

あらためて説明すると、「社会的事象の特色」とは、他の事象等と比較・分類したり総合したりすることで捉えることのできる社会的事象の特徴や傾向、そこから見いだすことのできるよさなどであり、それは仕事や活動の特色、生産の特色、地理的環境の特色などとして表されるものです。

「社会的事象の相互の関連」とは、比較したり関連付けたりして捉えることのできる事象と事象のつながりや関わりなどであり、それは生産・販売する側の工夫と消費者の工夫との関連、関係機関の相互の連携や協力、国会・内閣・裁判所の相互の関連などとして表されるものです。

「社会的事象の意味」とは、社会的事象の仕組みや働きなどを地域の人々や国民の生活と関連付けることで捉えることができる社会的事象の社会における働き、国民にとっての役割などであり、それは産業が国民生活に果たす役割、情報化が国民生活に及ぼす影響、国民生活の安定と向上を図る政治の働きなどとして表されるものです。知識のところで述べたように「人々の生活、国民生活との関連を踏まえて理解する」のが社会生活の理解であり、「関連付ける」という思考方法が重要になるわけです。

思考力、判断力においても、小・中学校の接続・発展を検討した結果、中学校は従来通り「多面的・多角的に考察する」とし、小学校では中学校の趣旨を踏まえて「多角的に考える」としました。

多角的に考えるとは「複数の立場や意見を踏まえて考えること」であり、5・6年生の目標に規定しています。3・4年生では、農家のAさん、祭り運営者のBさんなど立場を意識して考え、5・6年生では生産者と消費者、情報の送り手と受け手など立場を変えながら考えることのできる子供を目指しています。ちなみに「多面的」は、社会的事象を構成する要素や側面などが複数ある様を表す言葉であり、多角的に考えると多面的に捉えることにもなることは当然考えられます。「多面的」と「多角的」のどちらが適切かということより、まずは小学校では立場を意識して考えることを重視するという趣旨で整理されたものです。

ちなみに現行（平成20年告示）の学習指導要領では、第3学年及び第4学年が「社会的事象の特色や相互の関連などについて」、第5学年が「社会的事象の意味について」、第6

学年が「社会的事象の意味をより広い視野から」と、考える対象を分けていますが、新学習指導要領ではそれらを学年ごとに分けてはいません。相互の関連を考えることは意味を考えることにもつながるし、特色を考えないと意味を考えることができないことが多いことなど、それらはつながり合っており段階を説明するのは難しいと考えたからです。むしろ段階は「多角的」という表現で付けたことになります。

ちなみに新学習指導要領では、「内容の取扱い」に次のように書かれています。

○第5学年

内容(2)「消費者や生産者の立場などから多角的に考えて、これからの農業などの発展について、自分の考えをまとめることができるよう配慮すること」

内容(3)「消費者や生産者の立場などから多角的に考えて、これからの工業の発展について、自分の考えをまとめることができるよう配慮すること」

内容(4)「産業と国民の立場から多角的に考えて、情報化の進展に伴う産業の発展や国民生活の向上について、自分の考えをまとめることができるよう配慮すること」

○第6学年

内容(1)「国民としての政治への関わり方について多角的に考えて、自分の考えをまとめることができるよう配慮すること」

内容(3)「世界の人々と共に生きていくために大切なことや、今後、我が国が国際社会において果たすべき役割などを多角的に考えたり選択・判断したりできるよう配慮すること」

社会的事象の特色や相互の関連、意味を考える力が、現在の社会的事象にフォーカスして考える力だとすると、「社会に見られる課題を把握して、その解決に向けて社会への関わり方を選択・判断する力」は、これからの未来社会にフォーカスして考える力であると言えます。また、これまでも社会科では判断力を育成することが大切だと言われてきましたが、必ずしもそれが明確に示されてはいませんでした。今回の改訂では、それを明確に示したことになります。

「社会に見られる課題」とは、例えば、地域社会における安全の確保や、良好な生活環境の維持、資源の有効利用、自然災害への対策、伝統や文化の保存・継承、国土の環境保全、産業の持続的な発展、国際平和の構築など現代社会に見られる課題を想定したものです。ただし、それらは実社会における社会問題につながる要素が強いため、小学生にとって難しい内容になってしまうことが懸念されます。そもそもそれらは大人にとっての解決できていない宿題であると考えることもできます。

そこで、小学校においては、発達の段階を踏まえ、学習内容との関連を重視して、学習展開の中で子供が出合う社会的事象を通して、課題を把握できるようにすることが大切ですと説明しています。例えば、お祭りの運営に関わる人や消防団に加わる人が減少したり高齢化したりしていること、ごみの処分場には寿命があり、ごみの減量を含めて対策が必要なこと、自然災害はいつ発生するか分からないものであり甚大な被害が想定されること、世界的に水産資源が減少していることなど、単元の学習の後半や終末に子供たちが出合うことが多い社会の現実です。このように、まずは何が課題であるのかを具体的に把握することが大切です。

「解決に向けて」とは選択・判断の方向性を示しており、これからのよりよい社会を考えることができるようにすることを目指している表現です。今がよければそれでいい、未来の社会はどうでもいいと考える子供を社会科は求めていません。学習したことを十分に活用して、これからどうなっていけばよいか、自分たちはどのような立場で何ができるのかなどと、よりよい社会をイメージしながら知恵を出し合う学習を想定しているのです。

「社会への関わり方を選択・判断する」とは、社会的事象の仕組みや働きを学んだ上で、習得した知識などの中から自分たちに協力できることなどを選び出し、自分の意見や考えとして決めるなどして、判断することです。例えば、農業の発展に向けては、農家相互の連携・協力、農業協同組合や試験場等の支援などが結び付いて取り組まれています。また、森林資源を守る取組は、林業従事者、行政、NPO法人など様々な立場から行われていきます。こうした事実を学んだ上で、私たちはどうすればよいか、これからは何が大切か、今は何を優先すべきかなどの問いを設け、取組の意味を深く理解したり、自分たちの立場を踏まえて現実的な協力や、もつべき関心の対象を選択・判断したりすることなどです。

ちなみに新学習指導要領では、「内容の取扱い」に次のように書かれています。

○第3学年

内容(3)「地域や自分自身の安全を守るために自分たちにできることなどを考えたり選択・判断したりできるよう配慮すること」

○第4学年

内容(2)「節水や節電など自分たちにできることを考えたり選択・判断したりできるよう配慮すること」
「ごみの減量や水を汚さない工夫など、自分たちにできることを考えたり選択・判断したりできるよう配慮すること」

内容(3)「地域で起こり得る災害を想定し、日頃から必要な備えをするなど、自分たちにできることなどを考えたり選択・判断したりできるよう配慮すること」

内容(4)「地域の伝統や文化の保存や継承に関わって、自分たちにできることなどを考えたり選択・判断したりできるよう配慮すること」

○第5学年

内容(5)「国土の環境保全について、自分たちにできることなどを考えたり選択・判断したりできるよう配慮すること」

○第6学年

内容(3)「世界の人々と共に生きていくために大切なことや、今後、我が国が国際社会において果たすべき役割などを多角的に考えたり選択・判断したりできるよう配慮すること」

こうして並べてみると、「社会への関わり方を選択・判断する」場面は、3・4年生の内容の方が多く想定されていることが分かります。3・4年生の学習対象は市や県などの地域社会における社会的事象なので、自分たちにも協力できることなど「社会への関わり方」を考えやすいことが関係しています。5・6年生になると、「我が国の～」と学習対象が広く、また「産業、国土、歴史」などと内容の範囲が広くなるので、自分たちに協力できることというよりも、「これからの○○は」などと、よりよい発展を考えることの方が現実的だからです。

また、「多角的に考える」場面と「選択・判断する」場面を合わせてみると、そのほとんどが、知識のところで述べた「現代社会の仕組みや働きと人々の生活」(公民的な内容)

に区分される内容の学習であることが分かります。これらの場面はいずれも、「現在から未来」の「人々の活動」について思考・判断する場面だからです。人々の活動が登場しない地理的な内容のみの場合や、現在までのつながりが見えない歴史的な内容のみの場合には、そのような思考・判断はしづらいことは容易に想像できることでしょう。逆に言えば、歴史的な内容に関する学習でも「地域の歴史」や「伝統的な文化」を取り上げ現在までのつながりを学ぶ場合には、また地理的な内容に関する学習でも「人々の生活や活動」を取り上げて学ぶ場合には、こうした思考・判断はできることになります。

全国各地の研究会で「社会参加」というキーワードを掲げて研究している事例が見られますが、各学年の全内容を対象に授業研究がしづらいという声も聞かれます。その理由はここにあったわけです。社会参画は、現在から未来の社会の人々の活動への関わり方を考える行為であるからです。

4

表現力は「説明する力」や「議論する力」である

▼社会科における表現力を言語活動の観点から明示

社会科で養う「表現力」と聞かれたら、こう答えます。もう少し詳しく言えば、考えたことや選択・判断したことを説明する力や、考えたことや選択・判断したことを基に議論する力などです。ただし、資料等を用いて作品などにまとめたり図表などに表したりする技能を発揮する際の表現力や、調べたことや理解したことの言語による表現力を育成することも併せて考えることが大切です。

「説明する」とは、物事の内容や意味をよく分かるように説き明かすことであり、「説明する力」については、根拠や理由を明確にして、社会的事象について調べて理解したことや、それに対する自分の考えなどを論理的に説明できるように養うことが大切です。

「議論する」とは、互いに自分の主張を述べ合い、論じ合うことであり、「議論する力」については、他者の主張につなげたり、互いの立場や根拠を明確にして討論したりして、社会的事象についての自分の考えを主張できるように養うことが大切です。

新学習指導要領の「解説　社会編」では、表現する活動の例について、「文章で記述したり、白地図（図、年表）などにまとめたことを基に説明したり（話し合ったり）すること」「文章で記述したり、根拠や理由を明確にして議論したりすること」などと書かれています。これは白地図や図表、年表などにまとめる「技能」とはいったん区別した上で、それらの技能と表現力とを関連付けているのです。また「文章などで記述」することがすべての内容にわたって書かれています。書くことが重視されているのです。文章に書くと、考えたり選択・判断したりしたことだけでなく、先ほど述べた「調べたことや理解したこと」も表現されるようになるからです。

「思考力、判断力」と「表現力」をあえて分けて説明してみましたが、これまで通り、これらは関連的な能力であり、子供からは一体的に表出されるものであるという捉え方は変わっていません。授業を進めるときに、どのような力を養うよう意図するかが大切であるために分けて説明してみました。

ですから、これまで通り問題解決的な学習過程において、相互に関連性をもちながら育成されるものと考え、子供が主体的に考えたり選択・判断したりして表現する学習活動を重視しながら育成していくことが大切です。

考える力は考えることによって育つ、判断する力は判断することによって育つ、また、表現する力は表現することによって育つからです。あたり前のような言い方ですが、それが現実です。

5

学びに向かう力は、「よりよい社会を考え主体的に問題解決しようとする態度」である

社会科における学びに向かう力はと聞かれたら、こう答えます。各学年の目標では、学びに向かう力を「社会的事象について主体的に学習の問題を解決しようとする態度」と「よりよい社会を考え学習したことを社会生活に生かそうとする態度」の二つで示しています。前者は、学習中の主体性や意欲を表現しています。学習問題を追究・解決するために、社会的事象について意欲的に調べ、社会的事象の特色や相互の関連、意味について粘り強く考えたり、調べたことや考えたことを表現しようとしたりする主体的な学習態度がここに含まれます。後者は、学習の終末や学習後に現れる社会的な態度を表現しています。学習を振り返り、学んだことを確認するとともに、それを基に、自分たちの生活のあり方やこれからの社会の発展などについて考えようとする態度がここに含まれます。またこの態度は、思考力、判断力のところで説明した「(〜の発展などを)多角的に考える力」や「社会への関わり方を選択・判断する力」と密接な関係にあると考えることができます。

6

社会科で養われる人間性等は、「自覚や愛情など」である

「人間性等」というと、思いやりや感性など広い概念を表す言葉に聞こえます。しかし、教科等ごとにこのことを規定しているのですから、社会科における人間性等とはと聞かれたら、各学年の目標に示されている自覚や愛情などと答えます。

各学年の内容に応じて涵《かん》養される地域社会に対する誇りと愛情、地域社会の一員としての自覚、我が国の国土と歴史に対する愛情、我が国の将来を担う国民としての自覚、世界の国々の人々と共に生きていくことの大切さについての自覚などです。

地域社会に対する誇りと愛情とは、地域社会についての理解を踏まえた、自分たちの生活している地域社会としての市区町村や都道府県に対する誇りと愛情のことです。

地域社会の一員としての自覚とは、地域社会についての理解を踏まえた、自分も地域社会の一員であるという自覚や、これからの地域の発展を実現していくため、また地域の人々の健康やよりよい生活環境、自然災害への対策など安全な生活、伝統や文化の保護・

継承を実現していくために共に努力し、協力しようとする意識などのことです。

我が国の国土に対する愛情とは、我が国の国土についての理解を踏まえた、国民生活の舞台である我が国の国土の自然などに対する愛情のことです。

我が国の産業の発展を願い我が国の将来を担う国民としての自覚とは、我が国の産業についての理解を踏まえた、国家及び社会の一員としての自覚や、我が国の産業の発展やよりよい社会を実現していくために共に努力し、協力しようとする意識などのことです。

我が国の歴史や伝統を大切にして国を愛する心情とは、我が国の歴史についての理解を踏まえた、国家及び社会の発展に貢献した先人によってつくり出された歴史や伝統を大切にして国を愛する心情のことです。

我が国の将来を担う国民としての自覚とは、我が国の政治についての理解を踏まえた、国家及び社会の一員としての自覚や、主権者として将来にわたって我が国の政治や産業に関わろうとする意識、社会の担い手として平和で民主的な国家及び社会を築き上げようとする意識などのことです。

平和を願う日本人として世界の国々の人々と共に生きることの大切さについての自覚とは、国際社会における我が国の役割についての理解を踏まえた、我が国はこれからも国際社会の一員として、平和な国際社会の実現を目指して努力を続けていくことが必要であるという自覚や、そのためには平和を願う日本人として世界の国々の人々と共に生きていくことが大切であるという自覚のことです。

これらは、それだけを単独で養おうとするのではなく、「（多角的な）思考や理解を通して」と各学年の目標に書かれているように、学習を通して養われていくものであることに留意が必要です。すなわち、これらの誇りや愛情、自覚は、現在及び過去の社会の仕組みや特色、よさや課題への理解に基づいて養われるものであり、学習活動を通して考えたり理解したりしたこと、あるいは複数の立場や意見を踏まえて考えたことなどを基に涵養されるものであると考える必要があるからです。短時間で拙速に求めるものではないことにも留意が必要です。

また今回の改訂では、主権者教育を重視する観点から、前頁に示した「我が国の将来を担う国民としての自覚」が新たに加わったことも念頭に置いておきましょう。

以上、ここまで目標について、それが求める資質・能力を具体的に説明してきました。

これらの目標は、冒頭に述べた通り、社会科にとって不可欠なものを整理した表現です。ですから、新学習指導要領の内容に取り組む以前でも、つまり移行措置期間にあってもこれらの目標を意識しながら授業を行うことが重要です。なぜならこれらが社会科がこれまで求めてきた、そしてこれからも求めていく学力だからです。

そして、これらをしっかりとつかんでおくことは、実際の授業において、子供たちの学習状況を観点別に評価する際の道しるべにもなります。

なお、目標の中にある「社会的な見方・考え方を働かせ」ることについては、授業づくりの具体策の中で述べるようにします。なぜなら「見方・考え方」が目標に入ったことのねらいは、ここまで述べた学力が身に付くように子供が「見方・考え方」（頭）を働かせる授業を教師が工夫することにあるからです。

社会科の内容の主な変更点をつかみましょう

平成29年3月に告示された新学習要領の内容をここで詳しく述べるつもりはありません。なぜなら、そのことは「解説　社会編」に述べられているからです。それを読んでいただいた方がよいし、それをここで繰り返しても仕方ないからです。ここでは、新旧対照表を使って、新学習指導要領で内容がどのように変わったかだけを大まかに説明します。

▼これまでの内容を組み替えたり新しい視点を入れたりして改善

今回の改訂ほど新旧対照表が描きにくい改訂は無かったのではないでしょうか。第3学年と第4学年の内容を分けて整理したり、各内容の構成を組み替えたりしているため、部分を指摘して「ここが変わった」と説明しづらいからです。かなり大胆に表にすると次頁の表1のようになります。学年ごとに説明しましょう。

表１　内容の比較

<table>
<tr><th></th><th>新
＊太字は新規あるいは独立させた内容
○は明示された事項　●は留意点</th><th></th><th>旧
＊内容の名称は新に合わせて記載
・は内容の具体(下線以外は新に引き継がれている)</th></tr>
<tr><td>第3学年</td><td>(1)　身近な地域や市の様子
○市役所などの公共施設の場所と働きなど
●学年の導入に扱うこと，市の様子に重点
(2)　地域の生産や販売の仕事
○市内の生産の仕事の種類や産地の分布
○販売の仕事における外国との関わり
(3)　地域の安全を守る働き
●効果的な指導計画の作成
(4)　市の様子の移り変わり
○交通，公共施設，人口，土地利用，生活の道具などの時期による違い</td><td rowspan="2">第3学年及び第4学年</td><td rowspan="2">(1)　身近な地域や市の様子
・公共施設の場所の働きなど
(2)　地域の生産や販売の仕事
・生産の仕事
・販売の仕事
(3)　人々の健康や生活環境支える事業
・飲料水，電気，ガスの確保
・廃棄物の処理
(4)　地域の安全を守る働き
・消防などの働き
・警察などの働き
(5)　地域の生活の変化と先人の業績
・道具の移り変わりとくらしの変化
・地域に残る文化財や年中行事
・地域の発展に尽くした先人の事例
(6)　自分たちの県の様子
・県の地理的環境の概要，他地域や外国とのかかわり
・県内の特色ある地域の様子</td></tr>
<tr><td>第4学年</td><td>(1)　自分たちの県の様子
○47都道府県の名称と位置の理解
(2)　人々の健康や生活環境支える事業
○公衆衛生の向上
(3)　自然災害から人々を守る活動
○県庁や市役所などの働き
(4)　県内の伝統や文化，先人の働き
○県内の主な文化財や年中行事の大まかな理解
(5)　県内の特色ある地域の様子
○国際交流に取り組む地域</td></tr>
<tr><td>第5学年</td><td>(1)　我が国の国土の様子と国民生活
○領土の範囲，多数の島からなる構成
(2)　我が国の農業や水産業における食料生産
○人々の協力関係，技術の向上，輸送方法や販売方法
(3)　我が国の工業生産
○工業製品の改良，優れた技術，消費者の需要や社会の変化
○貿易や運輸の働き
(4)　我が国の産業と情報との関わり
○情報を生かして発展する産業（販売，運輸，観光，医療，福祉などの中から選択）
(5)　我が国の国土の自然環境と国民生活の関連
○森林資源の働き
○国土の自然災害の防止</td><td>第5学年</td><td>(1)　我が国の国土の様子と国民生活
・国土の位置と領土
・国土の地形や気候の概要
・自然条件から見て特色ある地域の生活
・公害から健康や生活環境を守る
・森林資源の働き及び自然災害の防止
(2)　我が国の農業や水産業における食料生産
・我が国の食料生産の概要
・食料生産の盛んな地域，運輸など
(3)　我が国の工業生産
・我が国の工業生産の概要
・工業生産の盛んな地域，運輸など
(4)　我が国の情報産業や情報化した社会の様子
・放送，新聞などの産業
・情報ネットワークを生かす（教育，福祉，医療，防災）</td></tr>
<tr><td>第6学年</td><td>(1)　我が国の政治の働き
○日本国憲法と国民生活，国会・内閣・裁判所と国民との関わり
○国や地方公共団体の政治の取組
（＊上記の２つの内容の順序を旧から変更）
○地域の開発や活性化（選択事例）
(2)　我が国の歴史上の主な事象
○むらからくにへと変化したこと
○天皇を中心とした政治が確立されたこと
○貴族の生活や文化
○戦国の世が統一されたこと
○武士による政治が安定したこと
(3)　グローバル化する世界と日本の役割
○国際交流の果たす役割
○地球規模で発生している課題の解決</td><td>第6学年</td><td>(1)　我が国の歴史上の主な事象
・狩猟・採集，農耕の生活，国土の統一
・天皇を中心とした政治が確立されたこと，貴族の生活や文化
・武士による政治が始まったこと
・室町文化が生まれたこと
・戦国の世が統一され，武士による政治が安定したこと
・町人の文化が栄え新しい学問がおこったこと
・欧米の文化を取り入れつつ近代化を進めたこと
・国力が充実し国際的地位が向上したこと
・戦後民主的な国家として出発したこと
(2)　我が国の政治の働き
・地方公共団体や国の政治の取組
・日本国憲法と国民生活
(3)　世界の中の日本の役割
・日本とつながりの深い国のくらし
・日本の国際協力，国際交流，国際連合</td></tr>
</table>

7 第3学年と第4学年

▼第3学年と第4学年の内容が合計6つから9つへ

「増えた」のではなく「分けた」のです。今回の改訂では、各教科等において、知識の理解の質を高めることが大きなテーマでした。社会科では、概念等に関する知識の習得、すなわち社会的事象の特色や意味などの理解を明確にしたことから、現行（旧）の内容(6)が、主として県の地理的環境の概要理解に関する内容と、主として県内の特色ある地域の人々の取組の理解に関する内容とに分かれました。

また、現行（旧）の内容(5)について、「昔の道具や暮らし」の内容を地域の歴史が分かる内容「市の様子の移り変わり」に変更し、「県内の伝統や文化、先人の働き」と分けて、前者を第３学年の内容、後者を第４学年の内容としました。

さらに現行（旧）の内容⑷について、「地域の災害」を取り上げる際の事例として選択対象となっていた「火災、風水害、地震など」を「火災」と「自然災害」に分けて、前者を第3学年の内容、後者を第4学年の内容としました。

このようにして分けることで、内容の合計が6つから9つへ変わったのです。また、学習対象の範囲としては、第3学年では主として市を、第4学年では主として県を取り上げるようになりました。空間的な視点に着目して市区町村、都道府県と視野を拡大しながら社会的事象を捉えるようにすることに加えて、市の歴史や県の伝統文化や自然災害を学ぶことで、人口の大都市部集中の流れを食い止め、市や県といった地元の地域を支える人材の育成をという願いも込められています。

一方で、上記のように分けた結果、現行版の教科書の単元配列から考えると、第3学年で実質的な内容の増が生じることになりました。そのため、新内容⑴と⑶でカリキュラム・マネジメントを求め、授業時数を生み出す必要が生じました。

▼授業時数のマネジメントを求める

表1の新内容の●部分です。内容(1)では、「内容の取扱い」の解説に次のような記述があります。「身近な地域を見学したり聞き取り調査をしたりして情報を集める際には、目的や着目する視点を明確にして効果的に行い、市全体を調べる際にその視点を生かすなどして、市全体の地理的環境の概要を理解」できるようにする工夫が大切である。」すなわち、生活科のような地域探検や絵地図作りを始めにありきにせず、あくまでも社会科として「市の地理的環境の理解」につながる効果的な展開を工夫することを求めているのです。

また内容(3)では、内容の取扱いの解説に「例えば、『緊急に対処する体制をとっていること』については、火災に重点を置き、『防止に努めていること』については、事故に重点を置くなど、取り上げ方に軽重を付け、効果的に指導するようにする」という記述があります。

これらの二つの内容の効果的な指導により、単元を見通した授業改善とともに授業時数を生み出すことを意図しているのです。

第3学年の内容については、内容(1)で「自分たちの市」に重点を置くよう示されたり、内容(4)が「市の様子の移り変わり」の学習に改められたりして、現行の学習指導要領に比べて難易度が上がったように感じられるかもしれません。3年生に求める学習活動が変わるのかという質問を受けたこともあります。

確かに身近な地域の見学や道具を使った体験は、3年生の子供が興味・関心を高めたり具体的な事実を把握したりするのに効果的です。しかしその一方で、とても時間がかかる活動でもあります。今回の改訂では、生活科と社会科のつながりや相違点を明確にする観点から、第3学年の内容を空間的な視点に着目することを重視した内容(1)と時間的な視点に着目することを重視した内容(4)とに整理しました。したがって、内容(1)では地図を使った学習の充実を図るよう、内容(2)では地域の歴史を調べて年表にまとめる学習の充実を図るように改善されました。今後は、地域の調査や資料館などの見学などの具体的な活動を大切にしながらも、単元の効果的な学習展開を工夫することが必要になります。

先ほどの質問には、社会科らしい学習活動を今一度考えてみましょうと答えています。

8

第5学年と第6学年

全体としてみると、第3学年、第4学年のように大きくは変わっていないことが分かります。第5学年の括弧番号の数が増えたのは、第4学年と同様に、新では地理的環境に関わる内容を地理的環境の概要を中心に理解する内容(1)と、地理的環境に働きかける人々の活動を中心に理解する内容(5)に分けたことによるものです。

▼産業学習の充実

第5学年の我が国の国土に関する内容については、「領土の範囲」と明示され、海洋にも目を向け多数の島々から構成される我が国の領土の特色を捉えるようにすることや、内容の取扱いに「竹島や北方領土、尖閣諸島が我が国の固有の領土であることに触れること」が示されています。

一方、それ以上に充実が図られているのが我が国の産業に関する内容です。食料生産については、「輸送方法や販売方法を工夫」していることを理解事項とし、解説では「工夫することにより収益を上げていること」が記述されています。産業・経済に関する学習の基礎とすることを意図しているのです。工業生産については、工業製品の改良と国民生活の向上を関連付ける、優れた技術に着目して我が国の工業生産の特色を捉える、貿易や運輸の働きを重視する（独立して示されている）、などが特徴です。また、食料生産、工業生産とともに内容の取扱いにはそれらの発展について多角的に考えるようにすることが示され、第5学年の目標には「我が国の産業の発展を願い我が国の将来を担う国民としての自覚を養う」ことが示されています。主権者教育の重視に関わる改善です。

特に大きく変わったのが、旧（現行）の内容(4)のイ「情報ネットワーク」を取り上げる内容です。この内容が新では、これまで構造が複雑で小学生には難しいとされてきた第三次産業の学習に変更されています。販売、運輸、観光、医療、福祉などに関わる第三次産業が大量の情報や情報通信機器を活用して発展していることを事例を通して学ぶ内容となっているのです。これからの社会科が社会の変化とともにあり続けることを期してのことなのです。

▼政治学習の充実

第6学年の我が国の政治に関する内容については、「我が国の政治の働き」に関する内容を⑴へと順序を改める、日本国憲法と国会・内閣・裁判所の関連に着目する、国民として政治への関わり方を多角的に考える、などが特徴です。また、地域再生の観点から、これまで事例として示されていた「地域の開発」が「地域の開発や活性化」へと改められました。また、「災害復旧」が「災害からの復旧や復興」へと改められました。国の政治の働きがよく見えて、国と地方公共団体の政治の働きの関連に気付くようにすることがポイントになります。

▼歴史学習の整理～「歴史の展開を考える」と「歴史を学ぶ意味を考える」を整理～

第6学年の歴史学習については、少し詳しく変更点を説明しておきます。現行の学習指導要領の歴史学習の内容の示し方は次（資料1）のようになっています。

○人物の働きや代表的な文化遺産を中心に遺跡や文化財、資料などを活用して

↓

○ア～ケ（事象等）について調べたこと（～したこと）が分かること

↓

○歴史を学ぶ意味を考えるようにする
　とともに
○自分たちの生活の歴史的背景、我が国の歴史や先人の働きについて理解を関心を深めるようにする。

資料１

　これを見て分かる通り、第6学年の歴史学習は、他の内容の示し方（～を調べて～を考えるようにする）とは異なっていました。それは、小学校段階の歴史学習において「考える対象」が難しくなりすぎないように配慮し、「先人の業績や優れた文化遺産について興味・関心を深める」（第6学年の目標）ことが重視されてきたことによるものと考えられます。歴史は過去の出来事が後の人々によって資料等を基に解釈され、その中の有力説が「通説」として叙述されてきたものであり、その解釈について考察するような学習は小学生には困難であるため、「分かること」を重視しているのです。この姿勢は新学習指導要領にも受け継がれています。

　その一方で、新学習指導要領では構造が次（資料2）のように変更されています。

○世の中の様子、人物の働きや代表的な文化遺産などに着目して

○遺跡や文化財、地図や年表などの資料で調べ、まとめ（技能）

○我が国の歴史上の事象（ア～サ）を捉え（知識）、（それらを手掛かりに）

○**我が国の歴史の展開を考え**（ることを通して）
（思考力、判断力、表現力　等）

○（～したこと・歴史の展開の様子や特色）を理解すること（知識）

資料２

上記は、新学習指導要領の記述内容をつなぎ合わせ、学習プロセスとして表現したものです。新学習指導要領やその解説にはこの通りの順には書いてありません。

特徴としては、調べた歴史上の事象を手掛かりに、我が国の歴史の展開を考え、それを理解するように示していることです。

従来の「～について調べ、～が分かる」形式の表記では、知識と技能が未分化に見えるため、知識は「～を手掛かりに～を理解すること」と整理し直されています。

また、「我が国の歴史の展開を考える」とは、調べた事象を比較・関連付けたり、総合したりして「むらからくにへと変化したこと」「天皇を中心とした政治が確立されたこと」「日本風の文化

が生まれたこと」など歴史の転換期の様子や特色を考え、それを理解することを意味しています。従来の学習のように「～はどのような国づくりを目指したのか」「どのような文化が生まれたのか」といった学習問題を基に追究することを想定しています。

これらの表記は、指導すべき内容を「知識」「技能」「思考力、判断力、表現力等」の柱に整理し直した結果です。

また、我が国の歴史上の主な事象の区分けについて、ア～ケの9つであったものが、(ア)～(サ)の11に変更されています。具体的には、「貴族の生活や文化」が独立したことと、「織豊による天下統一」と「家康、家光による江戸幕府」の内容が分けて示されたことによります。これは、従来から内容の取扱いに示されていた「我が国の歴史は政治の中心地や世の中の様子などによって幾つかの時期に分けられることに気付くようにする」という趣旨を徹底したことによるものです。

さらに内容の取扱いについては、次の3点が明示されたことに留意しましょう。

①当時の世界との関わりにも目を向け、我が国の歴史を広い視野から捉えられるように配慮すること

これは、(イ)〜(サ)の中に示されている事象のうち、外国との関わりがあるもの、例えば、元との戦い、キリスト教の伝来、鎖国、黒船の来航、日清・日露の戦争、我が国に関わる第二次世界大戦などの事象において、当時の世界情勢を表現した地図などの資料を効果的に活用することを求めたものです。高等学校に日本の歴史と世界の歴史を相互的に捉える新科目「歴史総合」が誕生することや、そのことを踏まえて中学校社会科の歴史的分野において「我が国に影響を与えた世界の歴史上の事象」を充実させることになったため、小学校社会科においても世界との関わりに目を向け広い視野から我が国の歴史を捉えることにしようということになったからです。

②年表や絵画などの資料の特性に留意した読み取り方についても指導すること

これは、技能に関わる事項です。例えば、想像図や風刺画などから人物の表情などを読み取ることはあまり意味のないことです。資料にはそれぞれつくられた目的があり、それが特性になっています。年表については、出来事が生じた時期や歴史の展開を捉える上で手掛かりとなる資料であり、その読み方を確実に身に付けるようにすることが大切です。

また、遺跡や遺物については、当時の人々の生活の様子を探る上で参考になることや、絵画については当時または後の時代に作成者が意図をもって描いた資料であり、事象について考える際の手掛かりになる資料であることなど、各々の資料の特性に留意させることなどが大切です。

③歴史学習全体を通して（中略）現在の自分たちの生活と過去の出来事との関わりを考えたり、過去の出来事を基に現在及び将来の発展を考えたりするなど、歴史を学ぶ意味を考えるようにすること

現行の学習指導要領の目標に示されていた「歴史を学ぶ意味を考えるようにする」ことは新学習指導要領にも引き継がれました。一方で、その趣旨が内容の取扱いに明示されました。①現在の自分たちの生活と過去の出来事との関わりを考えること、②過去の出来事を基に現在及び将来の発展を考えることの二つです。これらを見ると、「歴史を学ぶ意味」はすべての内容で考えさせるのでなく、例えば①については「室町文化」の学習で、②については「戦後の新しい日本」の学習でそれぞれ行うなど、歴史学習全体を見渡して、効果的な学習場面を構想すればよいことが分かります。

内容の読み取り方の留意点

このように新学習指導要領の第6学年の歴史学習に関する内容だけは、他の内容と異なる読み方が必要になります。例えば、(ア)〜(サ)の内容については、いずれにも「世の中の様子、人物の働きや代表的な文化遺産などに着目して、我が国の歴史上の主な事象を捉え、我が国の歴史の展開を考えるとともに、歴史を学ぶ意味を考え、表現すること。」という文章がコピー＆ペーストのように書かれています。これは、新学習指導要領の内容の記述は「知識及び技能」と「思考力、判断力、表現力等」に分けて示すという統一ルールがあるため、歴史学習全体の「思考力、判断力、表現力等」の記述を統一的に配置したためです。したがって、室町文化の学習では代表的な文化遺産に着目することを中心に、天下統一の学習では人物の働きに着目することを中心に、などと内容ごとに適切なものを選択して読むようにすればよいのです。

第2章

新学習指導要領とこれからの社会科の授業づくり

CHAPTER
2

単元の授業デザインを考えましょう

ここから、実際の社会科の授業デザイン（授業づくり）について考えていきます。社会科の授業デザインは、「単元の授業デザイン」と「本時の授業デザイン」がありますが、ここでは単元の授業デザインを中心に考えてみましょう。

それは、今回の学習指導要領改訂では、次のように「総則」や各教科等において、「単元や題材など内容や時間のまとまりを見通し」ながら行う授業改善が求められているからです（「題材」は音楽科や図画工作科などで「単元」の代わりに使うことが多い言葉です）。

小学校学習指導要領　総則

(3)　指導計画の作成等に当たっての配慮事項
ア　各教科等の指導内容については、単元や題材などの内容や時間のまとまりを見通しながら、そのまとめ方や重点の置き方に適切な工夫を加え、主体的・対話的で深い学びの実現に向けた授業改善を通して資質・能力を育む効果的な指導ができるようにすること。
（第2　教育課程の編成「3　教育課程の編成における共通的事項」より）

小学校学習指導要領　社会

1　指導計画の作成に当たっては、次の事項に配慮するものとする。
(1)　単元など内容や時間のまとまりを見通して、その中で育む資質・能力の育成に向けて、児童の主体的・対話的で深い学びの実現を図るようにすること。（以下略）
（「第3　指導計画の作成と内容の取扱い」より）

どちらも「主体的・対話的で深い学びの授業改善」に関わる項目の中で書かれていますが、いずれにしても単元等のまとまりの中で授業を考えていくことが益々大切になるということです。「単元」とは何かということについては、105頁で説明します。

社会科の単元の授業デザインについては、大まかに次の要素が必要になります。

▼社会科の授業は、教師軸と子供軸でデザインする

1　学習指導要領の内容を把握して教材化の視点をもつ

2　教材を子供に届けるための資料を作成する

3　問題解決的な学習展開を考える

4　子供が調べたり考えたりするための問いを構想する

5　子供が目標の実現に迫るための学習活動を構想する
6　子供の学習状況を評価する計画を考える

1～6に順番の決まりはありません。むしろ、相互に関連付けて行ったり来たりして考えるのが現実的です。

1と2では、主に実現を目指す目標や指導すべき内容を教師の「意図」として考えることが大切です。これが不十分だと、子供たちをどこに連れていくかが不明確になり学習が迷走してしまいます。当然、深い学びは実現しません。

一方、3と5では、主に子供の学習の「連続性」や子供にとっての「必然性」を考えることが大切です。すなわち、子供の学びの姿を想定することです。これが不十分だと、主体的な学びも対話的な学びも実現しません。

授業デザインは、教師の意図を明確にする軸（教師軸）と子供に寄り添って考える軸（子供軸）との両方から考える必要があるわけです。その両者を結び付ける役割をするのが4の「問いの構想」です。ここでいう問いとは、単元の学習問題や毎時の課題、教師の発問など、いわゆる子供が解決に向けて思考を働かせるようになるQ（Question）を指していきます。問いは、資料などで子供たちの疑問を引き出すようにしながらも、目標の実現に向けて教師が意図をもって準備しておくことが大切です。問いが上手に仕組まれると教師の「意図」と子供の「必然性」が結び付くことになります。

最後に6で、目標の実現状況を図ります。その意味では、6は「授業マネジメント」の要と言うこともできます。マネジメントの観点からすると、子供たちが目標に実現に至らなかった場合、1～5のどこに指導上の課題があったのかを分析し、改善を図る必要があります。

それでは、1から6までについて、具体的な授業デザインの方法を考えていきましょう。その際、社会科にとって不易である授業づくりの基礎・基本（●基礎・基本と記述）に加えて、新学習指導要領で求められている新しい要素（●新CSと記述）を加えて述べるようにします。

1

学習指導要領の内容を把握して教材化の視点をもつ

～教材研究は学習指導要領と実社会をつなぐこと～

社会科の授業デザインで一番面白いといわれるのが教材研究です。その一方で、一番大変ともいわれます。

「教材」という言葉は、主たる教材としての教科用図書のほか、副読本、資料集などの図書、地図や年表、プリント、ワークシートなどの資料、模型などの教具を含め、授業で扱われている様々なものを指す言葉として使われます。社会科では、地域にある文化遺産やまちの開発などのできごと、地域人材の話や働く様子などを教材とすることも多いです。

本稿では、教材を「学習者である子供と学習内容とを結び付けるための材料」と大きく規定し、それらの材料を組織化して子供の学習を成立させるための教師の準備を「教材化」とし、教材化のポイントについて考えていきます。

教材化では、次の二つがポイントになります。

(1) 学習指導要領の内容を把握する
(2) 教材化の視点を見いだす

●基礎・基本

(1) 学習指導要領の内容を把握する

社会科の授業では、「教材を通して内容を理解できるようにする」と言いますが、この場合の内容とは「学習指導要領の内容」を指しています。

例えば、新学習指導要領の第3学年の内容(2)は次のように示されています。

(2) 地域に見られる生産や販売の仕事について、学習の問題を追究・解決する活動を通して、次の事項を身に付けることができるよう指導する。
ア 次のような知識及び技能を身に付けること。

(ア) 生産の仕事は、地域の人々の生活と密接な関わりをもって行われていることを理解すること。
(イ) 販売の仕事は、消費者の多様な願いを踏まえ売り上げを高めるよう、工夫して行われていることを理解すること。
(ウ) 見学・調査したり地図などの資料で調べたりして、白地図などにまとめること。

イ 次のような思考力、判断力、表現力等を身に付けること。
(ア) 仕事の種類や産地の分布、仕事の工程などに着目して、生産に携わっている人々の仕事の様子を捉え、地域の人々の生活との関連を考え、表現すること。
(イ) 消費者の願い、販売の仕方、他地域や外国との関わりなどに着目して、販売に携わっている人々の仕事の様子を捉え、それらの仕事に見られる工夫を考え、表現すること。

新学習指導要領では、内容を知識に関する事項にとどめずに、「ア　知識及び技能」と「イ　思考力、判断力、表現力等」で構成して示している点が特徴です。

これらは、次のように捉えるとよいでしょう。

アの(ア)「生産の仕事は、地域の人々の生活と密接な関わりをもって行われていることを理解すること」を通して、それに関連する「知識」を身に付ける。

アの(イ)「見学・調査したり地図などの資料で調べたりして、白地図などにまとめること」を通して、それに関連する「技能」を身に付ける。

イの(ア)「消費者の願い、販売の仕方、他地域や外国との関わりなどに着目して、販売に携わっている人々の仕事の様子を捉え、それらの仕事に見られる工夫を考え、表現すること」を通して、それに関連する「思考力、判断力、表現力等」を身に付ける。

このように、「学習すること」を通して「資質・能力」を身に付けるように書かれているのです。これは、教師が教えて終わり、覚えさせて終わり、とならないよう「資質・能力を育成するための内容です」ということを忘れないようにするための記述形式といえます。すなわち、内容を「理解内容（知識）」にとどめずに、「指導内容」として描いているのが新学習指導要領の特徴なのです。

また、このことから、学習した結果の理解（知識の獲得）だけでなく、そこに至る「調べ、考え、表現する」プロセスが内容として大切であることも分かります。

すなわち、新学習指導要領における内容は、次のように捉えるとよいでしょう。

仕事の種類や産地の分布、仕事の工程などに着目して、【イの㋐】
↓
見学・調査したり地図などの資料で調べたりして、白地図などにまとめ　【アの㋒】
↓
生産に携わっている人々の仕事の様子を捉え、地域の人々の生活との関連を考え、表現すること【イの㋐】
↓
（を通して）
生産の仕事は、地域の人々の生活と密接な関わりをもって行われていることを理解すること【アの㋐】

ちなみに、アの(イ)とイの(イ)についても、次のように捉えます。

消費者の願い、販売の仕方、他地域や外国との関わりなどに着目して、【イの(イ)】

↓

見学・調査したり地図などの資料で調べたりして、白地図などにまとめ【アの(ウ)】

↓

販売に携わっている人々の仕事の様子を捉え、それらの仕事に見られる工夫を考え、表現すること【イの(イ)】

↓

（を通して）

販売の仕事は、消費者の多様な願いを踏まえ売り上げを高めるよう、工夫して行われていることを理解すること【アの(イ)】

このようにつなげて読めば、この内容は二つの単元（「生産の仕事」と「販売の仕事」）が想定されていることが分かると思います。ちなみに、アの(ウ)の「技能」は両方の内容に重複します。

つなげると文が長くなって、ややこしいように感じるかもしれませんが、単元の「目標文」として使えるようにもなっているのです。

(2) 新CS 教材化の視点を見いだす

これら新学習指導要領の内容から教材化の視点を見いだしてみましょう。

ここでは、「販売の仕事」【アの(イ)及び(ウ)とイの(イ)】を基に見てみます。まず、単元のタイトルともいえる教材の柱は、アの「知識」の冒頭に書かれています。ここでは「販売の仕事」ということになります。その後半には、「消費者の多様な願いを踏まえ売り上げを高めるよう、工夫して行われていること」と書かれていることから「販売の仕事の工夫」が教材化の視点①であることが分かります。そして、「販売の仕事の工夫」について追究していく時に着目する「消費者の願い」「販売の仕方」「他地域や外国との関わり」が教材化の視点②と言えます。学習者である子供の側から捉えれば、「追究の視点」と捉えることができますが、教師の側から捉えれば、子供が着目するように教材を工夫することが求められているからです。「など」と書かれているのは、他にも考えられるためです。それは先生方の工夫次第です。

図にすると次（図４）のようになります。視点②が視点①の構成要素になる関係です。

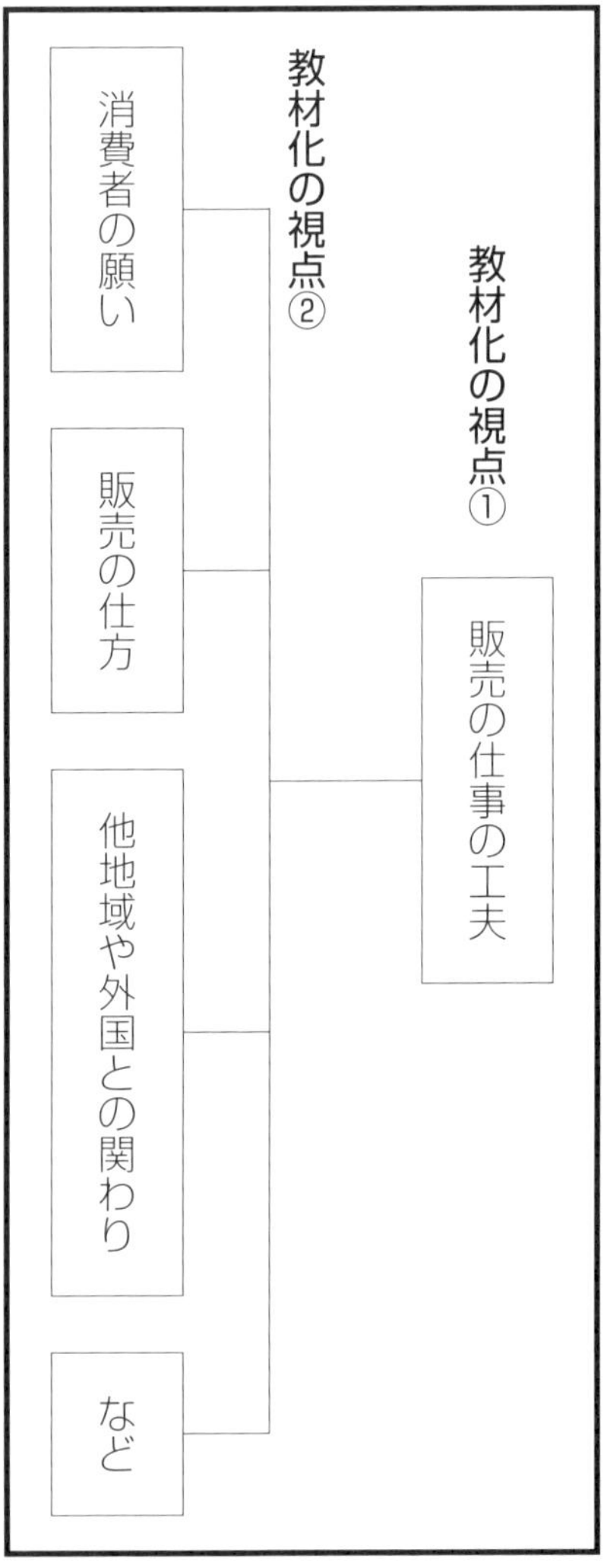

図４

おさらいの意味で、第５学年の内容(2)の「食料生産に関わる人々」【アの(イ)及び(ウ)とイの(イ)】でも見てみましょう。新学習指導要領には以下のような記述が見られます。

アイ 食料生産に関わる人々は、生産性や品質を高めるよう努力したり輸送方法や販売方法を工夫したりして、良質な食料を消費地に届けるなど、食料生産を支えていることを理解すること。

イイ 生産の工程、人々の協力関係、技術の向上、輸送、価格や費用などに着目して、食料生産に関わる人々の工夫や努力を捉え、その働きを考え、表現すること。

ここから同じように教材化の視点を見いだすと次のようになります。

教材化の視点①

食料生産に関わる人々の工夫や努力と役割

図5

教材化の視点②

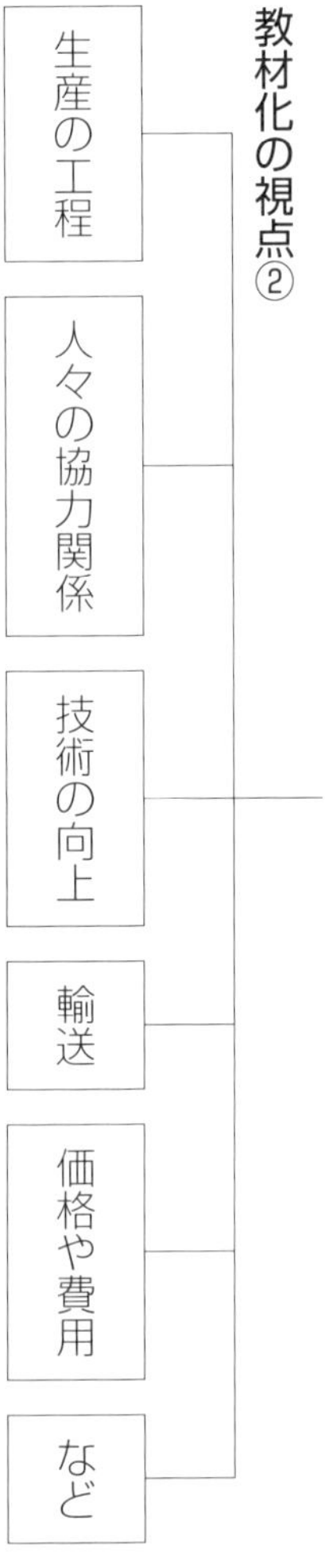

こうした視点を基にして、販売の仕事や生産する際の工夫・努力の様子を取り上げて教材とするわけです。つまり、あれもこれも取り上げるのではなく絞り込んで子供に見せていくようにします。

これは、学習指導要領に示されている内容と実社会に見られる事実を結び付ける（つなげる）作業といえ、教師の教材研究はこのことに尽きるといってもよいでしょう。

2

教材を子供に届けるための資料を作成する

教材化の視点を見いだしたら、それを形にして子供に届ける準備をします。それが資料化（資料の作成）です。この作業も先生方から「難しい、時間がかかる」などと指摘されることが多いです。

▼教材化の視点が子供から見えるようにする「資料化」

その指摘を一度に解決する魔法はありませんが、次のような手立ては考えられます。

●基礎・基本

(1) 教科書を眺めてみる

(2) 関係機関のホームページを調べる

(3) 可能なら見学に行く
(4) 学習展開を想定して資料を準備する
●新CS
(5) 子供が「社会的事象の見方・考え方」を働かせる資料を工夫する

●基礎・基本

(1) 教科書を眺めてみる

教科書は「主たる教材」(法令上)です。学習指導要領の内容から教材化の視点を見いだしたら、教科書をざっと見てみましょう。教材化の視点がどのように資料に反映されているかが分かることと思います。第3学年と第4学年は、自分たちの生活する地域(市や県)の学習なので、教科書に掲載されている資料をそのまま使えることは少ないと思いますが、どのように教材化しているかは分かるはずです。一方、第5学年と第6学年は、教科書の資料をそのまま使えることも多いのでイメージがわきやすいはずです。

教科書の資料がそのまま使えるようであれば、できる限り使うようにしましょう。子供たち全員が手元にある資料として読み取ることができますし、何より資料準備の大変さが軽減します。また、教科書の写真やデータなどは、よく吟味・検討されて、選ばれたものが掲載されているため、安心して使うことができるというよさもあります。

最近では教科書の資料を情報掲示板（電子黒板など）に大映しにして使う例も多く見られます。教科書のデジタル化が進めば、なおさらどのように教科書の資料を使うかを考えることが大切になることでしょう。

●基礎・基本

(2) 関係機関のホームページを調べる

何でもかんでもインターネットからというわけにはいきません。正しい情報であるか子供にとって適切かなどと一度フィルターをかける必要があるからです。情報の出典や時期なども気にする必要があります。

その点、関係機関が立ち上げているホームページなら、それらの課題が少なくてすみます。関係機関とは、市役所や県庁、国土交通省、歴史資料館、ユニセフ協会、ＪＡ、漁業協同組合、放送局、自動車会社など、公的なものから民間に至るまで、取り上げる教材や学習内容に関わる（登場する）機関のことです。最近では、小学生用の資料を掲載している機関も増えています。民間の動画サイトにも有効なものがあります。

また、ＮＨＫのホームページも視てみるとよいでしょう。「ＮＨＫ for SCHOOL」というホームページを立ち上げており、各教科の学習内容に即した番組を作り、その番組をいつでも視られるようにしたり、それに関連する情報を2、3分の短いクリップとしていくつもまとめていて、これもいつでも視られるようにしたりしています。

さらに、関係機関ではありませんが、地図などはインターネット上のものを使うと、ズームイン、ズームアップが自在にでき、手軽に授業に活用できます。

●基礎・基本

(3) 可能なら見学に行く

これを言うと、「そんな時間はない」と言われてしまいそうで、「可能なら」と遠慮気味に書いていますが、教師が事前に関係機関や現地へ行って取材すると、写真やVTR、あるいは現地でしか得られない資料や情報などが手に入ることが多いのは事実です。特に第3学年や第4学年の内容については、実際に行ってみるまで分からない事象も多くあります。取材先の関係者とつながりができて、実際の授業にゲスト・ティーチャーとして登場していただくことなども多く見られます。

一方で、第5学年の農業や水産業、工業の学習などでは、見学や直接会っての取材がしづらい地域があることも現実です。そうした場合には、(2)のホームページ等で調べたり、電話や手紙などで取材をさせていただき資料などを送っていただくことも視野に入れておくとよいです。

資料を作成するということは、こうした作業を通して、子供から教材化の視点が見えるようにするということです。

先の第3学年の「販売の仕事」であれば、「消費者の願い」「販売の仕方」「他地域や外国との関わり」を通して「販売の仕事の工夫」が子供から見えるようにすることです。

例えば、「消費者の願い」は、保護者から聞き取りをしたりお客さんにインタビューしたりして表か棒グラフにまとめよう。「販売の仕方」は、お店のチラシや店内の写真、教科書の店内配置図を参考にしたり、店長さんからインタビューをしたりして調べよう。「他地域や外国との関わり」は、商品のパッケージや段ボール箱、日本地図や世界地図を使って調べよう。などと考えるわけです。そうすると、始めに用意する資料は、お店のチラシと店内の写真や配置図でよいか、調べていきながら、表にまとめて資料にしたり、パッケージや段ボールをお店から借りるか写真にとるかして準備したり、子供の疑問に沿って店長さんからインタビューをしたり、地図帳を使うようにしていけばよいか、などと見通しが立つようになります。

また、少々難しい話になりますが、社会科では次頁図6のように資料化に際して必要なバランスがあります。ア「人々の思いや願い、考え」、イ「実際（仕事、活動）の様子」、ウ「数値等のデータ」の三つです。均等にというわけではありませんが、これらの三つの要素はいずれもが必要です。

例えば、ア「人々の思いや願い、考え」だけが強調されると、道徳や国語の物語文の学習のようになります。イ「実際（仕事、活動）の様子」だけが強調されると、子供の学びは「予想」や「解釈」ばかりになり、事実から遠のきます。ウ「数値等のデータ」ばかり

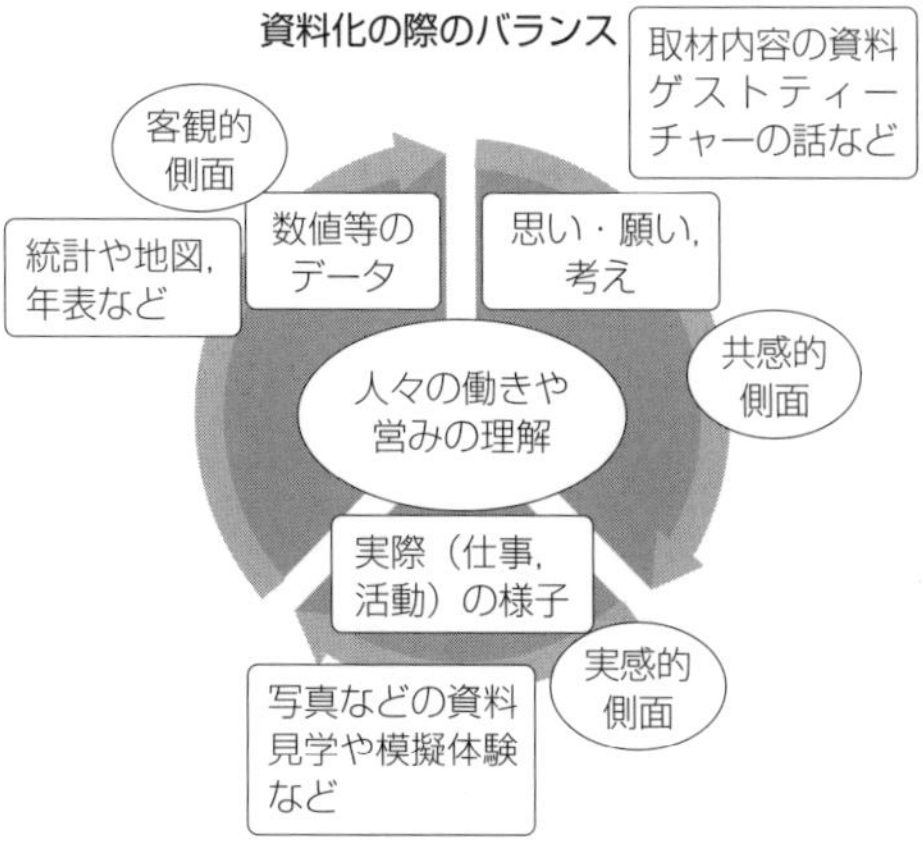

図６

が強調されると、人の働きや営みが見えづらく、小学生には難しい内容になります。

　したがって、これらの要素が少しずつでも入っていることが資料作成の大切なポイントになります。これらは、始めから考慮して資料を作成するというよりは、資料の目途がついてから、あらためて見直す際に、どれかが欠けていないかと考えてみるとよいことだと思います。

　例えば、お店の営業時間におけるお客さんの人数の変化をデータで示せたら、お店の工夫とつながるかな、バックヤードで働く人の写真やビデオがあると働く人の役割に気付くかな、などと足し算で考えてみることです。

　こうして考えると、ア「人々の思いや願い、考え」には、やはり教師自身の見学や取材が最適であることも分かります。

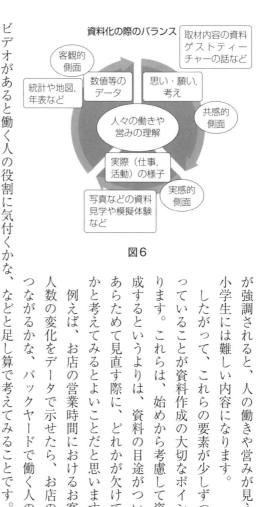

●基礎・基本

(4) 学習展開を想定して資料を準備する

社会科の授業では、最初から最後まで教師が一人で資料を準備すると考える必要はありません。例えば、学習展開を大まかに「つかむ段階→調べる段階→まとめる段階」と考え、次のように捉えておくことも大切です。

資料化は学習のプロセスを基に考える

①つかむ段階の資料
・具体的な事実から疑問が生まれる資料
・学習問題の設定につながる資料
教科用図書などから使えそうな資料を探し、複数の情報を比べるように示すなど、子供が社会的事象と出合い、驚きや疑問を感じるように工夫する。

②調べる段階の資料
・子供の予想や学習計画に基づく資料
・単元の学習のまとめにつながる資料
学習問題に対する子供の予想や学習計画（何を調べれば分かるか、どのよう調べることができるかなど）を踏まえて資料準備の範囲を決める。子供が自分で集めたり調べたりすることも重視する。

③まとめる段階の資料
・学習したことを地図、年表、関係図などにまとめた資料
・子供の学習履歴そのもの
学習内容の全体を振り返って考えたりまとめたりすることができるように、子供の学習履歴を模造紙などにまとめていき、学級全体の大きな資料とする。

①つかむ段階の資料

学習問題を設定する前提として、子供が具体的な事実としての社会的事象に出合う場面です。社会科で取り上げる学習対象としての社会的事象（例えば消防の働き、年中行事、

農業、工業など）は、始めから子供に身近なものではなく、学習を通して自分たちの生活との関わりを理解していくものであり、出合いが大切になります。

よく「子供に身近な教材を」と言われますが、もともと身近な教材というのはそう多くありません。「ポケモン」のようなものを取り上げて子供が興味・関心を高めても、それを追究していくことで、学習指導要領の求めている社会的事象の特色や意味に辿り着けないのであれば意味がありません。子供たちには「瞬間的に生じる興味」があります。それはその瞬間の「知りたい」という思いだけであって、関心や追究意欲は持続しないことが考えられます。

そうではなく、調べていくことによって子供たちに身近になっていくと考えた方がよいのです。子供が社会的事象に自分から近づいていくのです。「なぜだろう」「もっと調べたい」「たぶんこうではないか」などと、問題解決の意識を高めることの方に力点を置くことが大切です。「身近な教材」というよりも「身近になっていく教材」と考えたらどうでしょう。

そのため、社会的事象に出合う場面では、できる限り具体的な事実を資料などで提示することが大切になります。消防の働きであれば火災発生現場や消防署員の写真、年中行事であれば御神輿や楽しそうな地域の人々の様子の写真などが考えられます。農業や工業であれば、従事する人々の写真に加えて、生産量の変化や生産効率を表すデータなどを示すことも考えられます。写真などの中に人間が登場している点が共通です。これは社会的事象が「人が関与している事象」だからです。小学校の段階では導入に人々が登場した方が、子供たちから近づこうとする意欲が高まるのです。

一方で写真には、子供たちが「気付き」を自由に発言できるというよさがありますが、写真だけでは「疑問」は発言されないことも考えられます。ですから、グラフや地図、年表や図表、数字などを示して、そこから事実を読み取ることを通して疑問を引き出すことが大切になるわけです。

出合いの資料は「写真」＋「データ」で子供たちの「気付き」と「疑問」を両方引き出すことを考えてみてはどうでしょう。

また、比較という操作活動は、問いを生み出しやすく、思考のスタートになります。写真と写真（事前・事後など）、グラフとグラフ（増加と減少、生産量と消費量など）を比較するように資料を提示することなどが考えられます。

例えば、次頁の２枚の写真は京都にある天橋立を上空から撮影したものです。

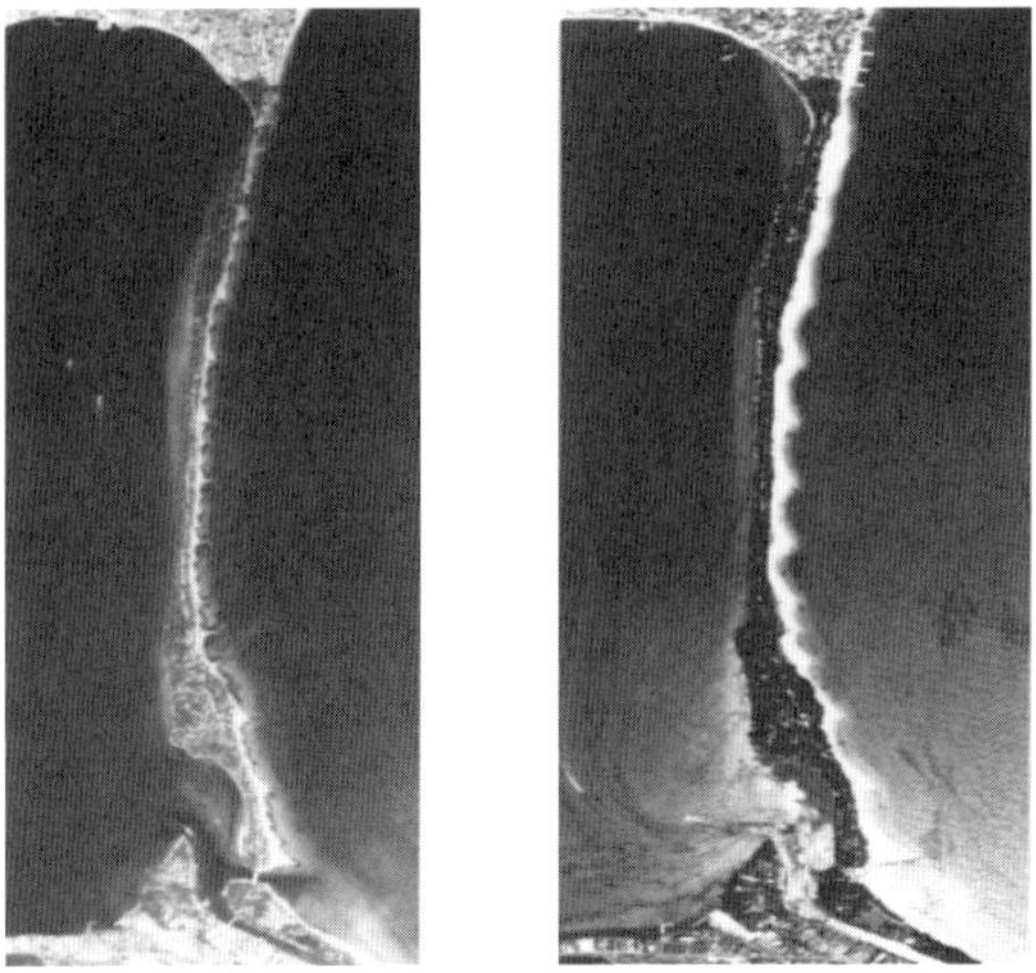

一九七五年と一九九四年のものです（京都市の実践で使用されたものです）。

これを比較して、どちらが一九七五年（昔）で、どちらが一九九四年（最近）かと子供に問うと、多くの子供は「右が昔で、左が最近」と答えました。それは、浸食作用で削られたと予想したからです。しかし、事実は逆なのです。浸食作用であれば「自然事象」ですが、これは社会科の授業です。削られた浜を元に戻すために市の人々が工夫、努力したのです。人々が関わった事象、すなわち社会的事象なのです。

ここから、どのようにして元に戻したのかという疑問がすぐに生まれました。このように比較することは疑問を引き出す上で効果的です。

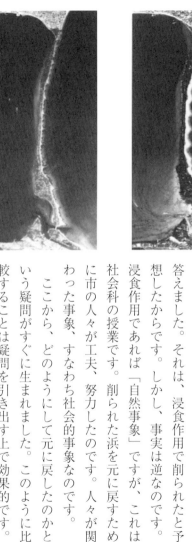

②調べる段階の資料

調べる段階での資料は、大きく二つに分けて考えるとよいでしょう。

一つは、学習計画に基づいて教師が準備（加工して提示）する資料です。例えば、次のような資料です。

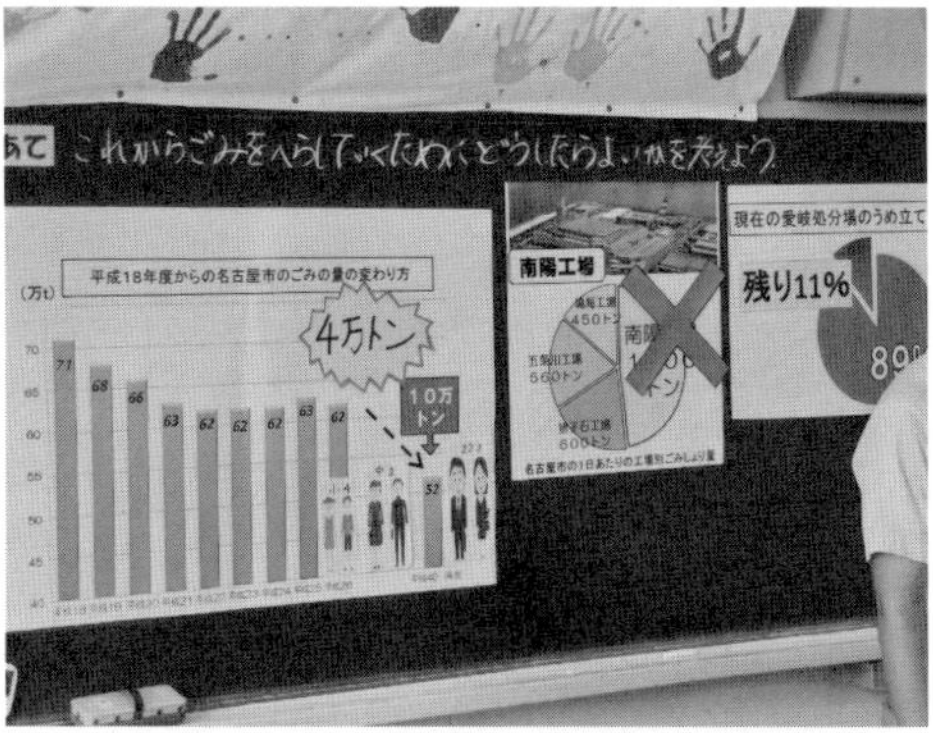

ア　名古屋市の実践で使用された資料

イ　大阪府の実践で使用された資料

アはグラフを加工しています。イは地図を加工しています。資料の基は、教科書や副読本か、県庁や市役所などの公的機関等の出展の資料であると考えられます。地図や年表、統計などの資料を準備するには、まずその関係機関（公的な機関）に当たるとよいでしょう。インターネットなどで公表されている場合もあれば、直接連絡をとって送ってもらう必要のある資料もあります。

そして、提示する際には、加工して（データ自体を変えてはいけません）、子供に分かりやすいようにすることが大切です。どこに注目させるか、どう比較させるかなどを考えて、その部分を強調したり、少しずつ見せたりしていくようにします。また、読み取り方に関することは十分に説明する必要があります。資料を提示しても、そこから情報を子供が読み取れていないことがあるからです。

次頁のウは新聞記事です。エは企業等が作成している資料です。これらの資料は加工せずに提示されることが多いです。そのため、情報量を可能な限り少なめに制限することが大切です。新聞記事はインターネットから取れない場合は、図書館などで探せます。学習内容と関連する企業等の資料もインターネットから取れない場合には、電話などで問い合わせてみるとよいでしょう。

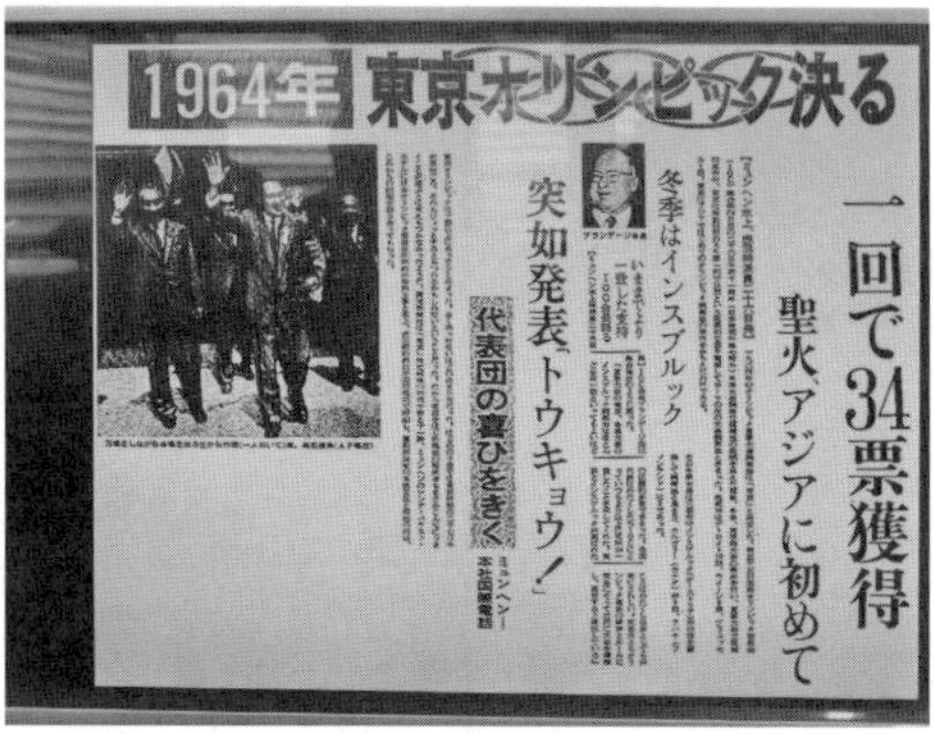

ウ　東京都の実践で使用された資料

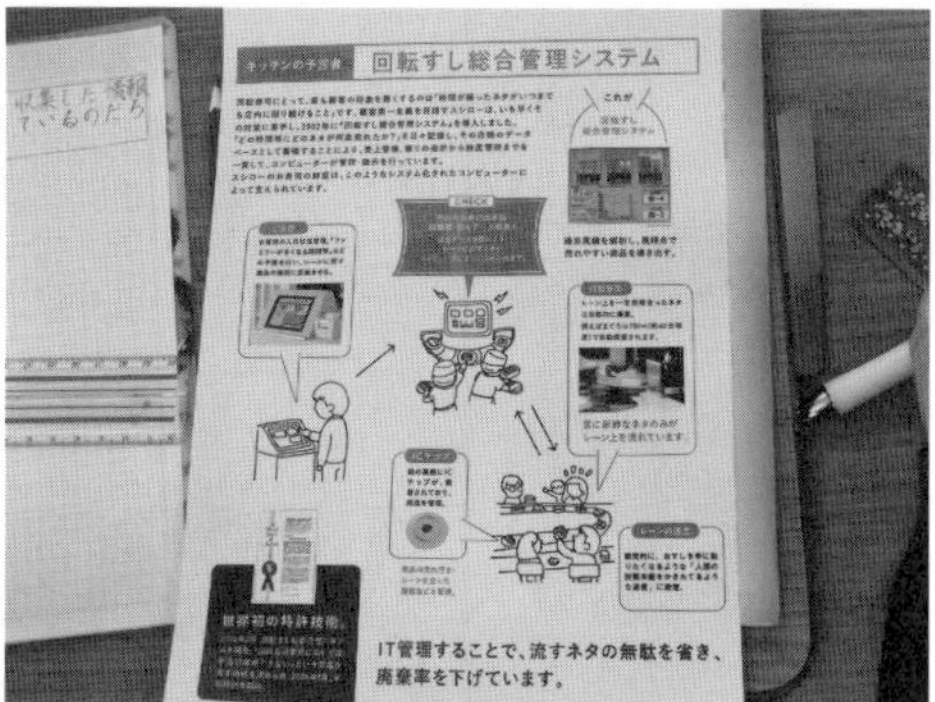

エ　埼玉県の実践で使用された資料

いずれにしても、教師が提示する資料を準備する際には、次のような点に配慮する必要があります。

・出典や作成時期、調査対象などの情報を確認し、子供にも知らせる。
・子供が読み取れるように加工する（改ざんではありません）。
・情報量をできる限り制限する（欲張ることは禁物です）。
・読み取り方を一緒に確認する（技能を育てる大切な場面です）。
・難しい言葉は説明を補う（あらかじめ書き込んでおいてもよい）。
・黒板に提示する際にも、子供に同じ資料の縮小版を配り、ノートに貼らせるなどするとよい（子供一人一人が詳しく読み取れるように）。

調べる段階での資料のもう一つは、子供が自分で探して集める資料です。こうした活動は、子供の情報活用能力を高めることにもつながります。

ただし、やみくもにインターネットなどで探させるわけにはいきません。見通しのないまま集めて、情報が整理できずに困ることになります。子供が自分で資料を探して集める活動を工夫するのであれば、予想をしっかりと立て、それに基づいて絞り込んで情報を集めるようにすることが大切です。

つまり、「自動車の生産の仕方」などと大きなテーマではなく、「自動車生産ではロボットやコンピュータをたくさん使っている」などと予想によって調べることを絞り込むのです。そのことに限って情報を集めるようにします。集める方法はインターネットや学校図書館の資料などになることと思います。

子供が予想を具体的にもつようにすれば、それを書いたノートを集めて、教師が関連する資料を準備しておくこともできます。つまり、単元の始めに全時間の資料を準備しておく必要はなく、子供の学習の展開とともに、必要になった資料を準備すればよいわけです。子供が資料を自分で探して集める際にも、出典や作成時期、調査対象などの情報を確認させるようにしましょう。そのため、可能な限り公的な機関や関連する企業等が作成している資料を探すように促すことがよいといえます。

③まとめる段階の資料

学習問題を振り返り、学習のまとめをする際の資料は、どのようなものでしょう。こうしたまとめの段階での資料についても、大きく二つに分けて考えるとよいでしょう。

一つは、子供たちがそれまでの授業で学んできたことの記録、すなわち学習履歴です。

子供たちのノートがその代表例になります。子供たちが頁をめくって学習を振り返れるようなしっかりしたノート指導が条件になります。もう一つは、単元の終末のまとめの授業において、みんなで確認したり活用したりするために、模造紙などに学習履歴を残しておく方法です。

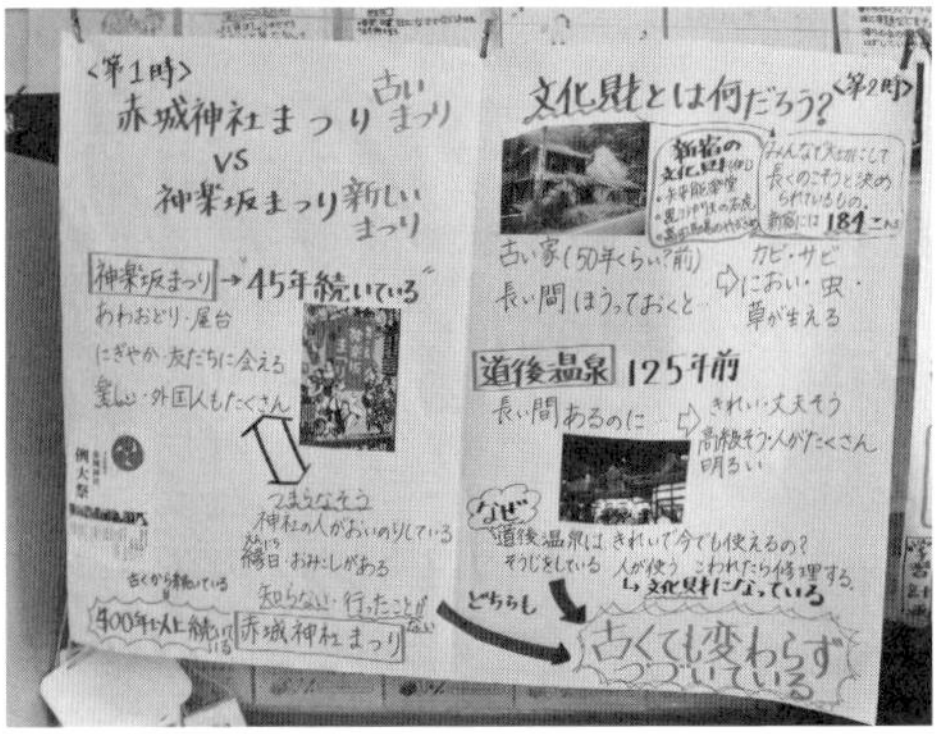

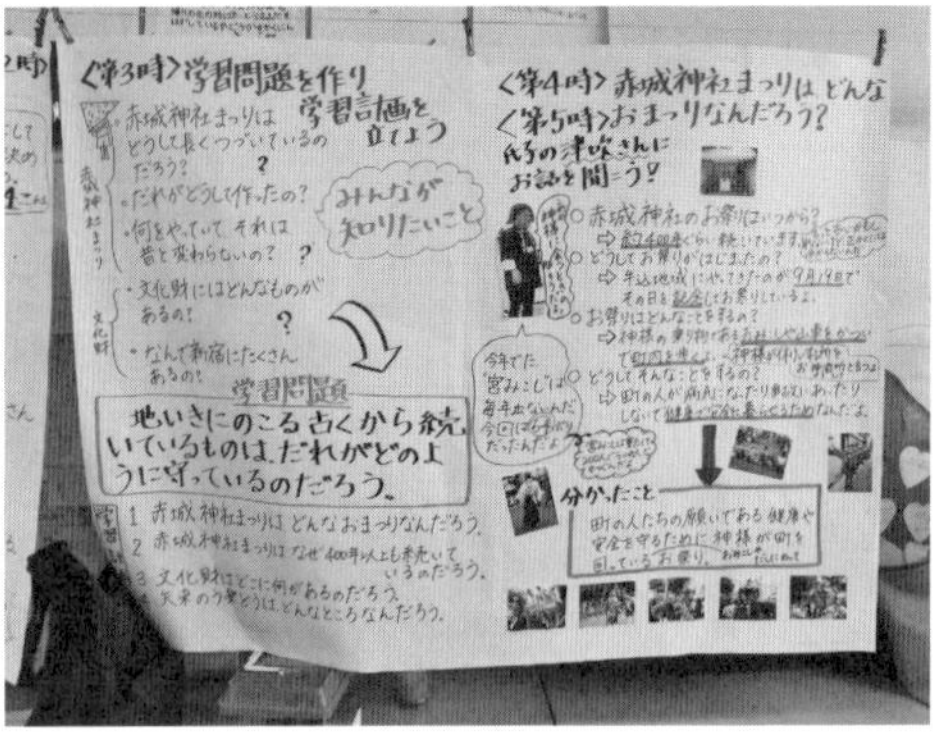

いずれも東京都の実践で使用された資料

こうした資料が、掲示板やクリップ、ワイヤーなどを使って単元の終了まで掲示されている授業をよく見かけます。子供たちに「単元の学習問題は何であるか」という意識をもたせ続けることや、これまでの学習を通して獲得した知識を活用させることなどに効果を発揮します。なにより学習の連続性を子供が意識でき、主体的な学びの実現にもつながります。

このように模造紙に再現することが大変な場合には、板書を写した写真を子供に配りノートに貼らせたり、その写真を拡大して掲示したりしている例もあるので参考にするとよいと思います。

まとめの段階での資料のもう一つは、社会的事象の特色や意味を考えるようにするための資料です。単元の学習問題は社会的事象の特色（どのような〜だろう）や社会的事象の意味（なぜ〜だろう、どのような役割を果たしているのだろう）などが多いため、学習のまとめは当然、社会的事象の特色や意味を考えることを支援する資料が必要になります。

例えば、県の地理的環境の様子について調べたことを白地図上に位置付けたもの、地域の様子や人々の生活の変化について年表にまとめたもの、自動車工場について調べたことを各自でリーフレットなどにまとめたものなどが考えられます。

大切なことは、紙面にまとめて終わりにせずに、そこから単元の学習問題をもう一度振り返り、「まとめるとどのような特色があると言えるだろうか」「どのような役割を果たしていると言えるのだろうか」と、社会的事象の特色や意味を考えるための資料にすることです。

〈プラスα・研究課題〉●新CS

これからの社会について考えるための資料～学習したことが社会の課題とつながる資料～

ここまで述べた基礎・基本に加えて、新学習指導要領では、子供たちが学んだことが実社会とつながるよう工夫することが求められています（詳しくは第1章で述べました）。その方法としては、大きくは二つが考えられます。

一つは単元の学習全体を振り返り、「これから益々発展していくには」などと未来につなげて考えていくようにする方法です。「みんながもっと安全に生活できるようにするには」「水や物などを資源としてもっと大切にするには」といった展開です。これには特別な資料は不要で、先の学習履歴などの活用で済みます。

もう一つは「社会に見られる課題」に関する資料を提示する方法です。例えば、「消防団員の高齢化」「水産資源の減少」「都市型災害の被害予想」などが考えられます。こうした課題について、みんなで考えて、これからのよりよい社会の在り方に関心を高めるようにするのです。子供たちが解決策を決める必要はなく、いろいろなことを考えればよいわけですが、困難な課題で解決の方向が描きづらい場合には、解決のために取り組んでいる人々の様子を資料化して示す方法も考えられます。「農家の人々の課題（高齢化、収入など）→解決策を考える→関心を高める」としないで、「六次産業化の取組→課題解決の方向を知る→関心を高める」とする、などの方法です。

いずれにしても、内容に応じて、子供の学びが実社会とつながるようにするための資料の工夫がこれからの研究課題となります。

新CS

(5) 子供が「社会的事象の見方・考え方」を働かせる資料を工夫する

新学習指導要領では、子供が「見方・考え方」を働かせて学ぶようにすることが求められました。このことは新たな工夫が必要な点です。

小学校社会科では、「見方・考え方」を「社会的事象の見方・考え方」として、「社会的事象を、位置や空間的な広がり、時期や時間の経過、事象や人々の相互関係などに着目して捉え、比較・分類したり、総合したり、地域の人々や国民生活と関連付けること」と規定しました。

次頁の図7に示すように、□に囲まれた部分が、「見方・考え方」です。

社会科では、これまでも地図や年表、図表などから情報を読み取ることを重視してきました。したがって、これまで通り、こうした資料を必要な場面で十分に生かしていくことが大切です。

「見方・考え方」を働かせるようにする資料提示の工夫

しかし、ただ地図を見せれば、子供が空間的な広がりに着目するわけではありません。年表を見せれば時間の経過に着目するわけでありません。ここには、資料の適切な加工の仕方や提示の仕方が必要になります。例えば、「分布」「広がり」「自然条件」に着目させるにはどのように提示したらよいか。「起源」「経緯」「変化」に着目させるにはどのように提示したらよいか。「つながり」「連携」「多様性」に着目させるにはどのように提示し

社会的事象の見方・考え方

社会的事象を，
・位置や空間的な広がり
・時期や時間の経過
・事象や人々の相互関係に着目して捉え，
比較・分類したり，総合したり，
地域の人々や国民の生活と関連付けたりすること。

こうした見方・考え方を用いて
→社会的事象の特色や意味などを考える
→社会に見られる課題を把握して，社会へ関わり方を選択・判断する

図7

たらよいかなど、視点を意識して資料を提示することが大切になります。

また、比較・分類、総合、関連付けについても、「比較しなさい」「関連付けなさい」では、子供が見方・考え方を用いたことにはなりません。子供が比較するように、関連付けるように資料提示を工夫することが大切です。

したがって、資料の内容はもとより資料提示の仕方を工夫して、子供が社会的事象の見方・考え方を働かせるように工夫することが必要です。

小学校社会科では、冒頭の知識に関する目標のところで述べたように、学習する内容を、①「地理的環境と人々の生活」に関する内容、②「歴史と人々の生活に関する内容」、③「現代社会の仕組みや働きと人々の生活」に関する内容の、三つの枠組みに整理できます。

したがって、自ずと①では空間、②では時間、③では相互関係に着目することが主眼となります。

しかし、それだけでは、社会的事象の様子を確かに捉えたり、社会的事象の特色や意味に迫ったりすることはできません。地理的な内容にも時間的な視点や相互関係の視点が、歴史的な内容にも空間的な視点や相互関係の視点が必要になることがあります。特に人々の働きや協力関係の様子を捉える内容では、時間的に見たり空間的に見たりすることが大切になります。

ただし注意が必要な点があります。時間、空間、相互関係の視点は、必ずしも三つとも必要とは限らないし、バランスよく配置する必要もないことです。また、「など」としているのは、位置や空間的な広がり、時期や時間の経過、事象や人々の相互関係などに着目するほかにも、視点は多様にあるからです。新学習指導要領の「内容」における「〜に着目して」をざっと見ていただくと、そのことが分かります。大切なことは、単元等の目標を実現するために、補強すべき視点は何かと、「足し算」で考えてみることです。

3 問題解決的な学習展開を考える

●基礎・基本

(1) 単元の学習展開の基本形～教師と子供の協働ストーリーを目指す～

小学校社会科においては、学習問題を追究・解決する活動、すなわち問題解決的な学習過程を充実させることが大切です。

問題解決的な学習とは、単元などにおける学習問題を設定し、その問題の解決に向けて諸資料や調査活動などで調べ、社会的事象の特色や相互の関連、意味を考えたり、社会への関わり方を選択・判断したりして表現し、社会生活について理解したり、社会への関心を高めたりする学習などを指しています。

つまり、99頁の表2（左側）のような学習過程で単元を構成することを求めています。

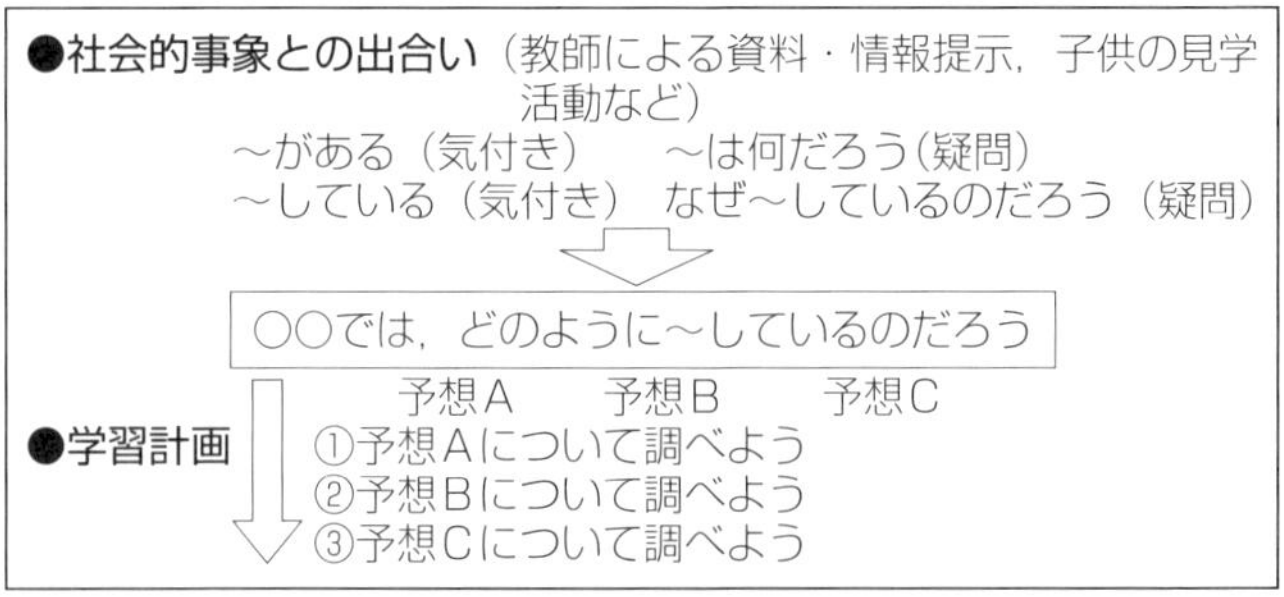
●社会的事象との出合い（教師による資料・情報提示，子供の見学活動など）
～がある（気付き）
～は何だろう（疑問）
～している（気付き）
なぜ～しているのだろう（疑問）
○○では，どのように～しているのだろう
予想A
予想B
予想C
●学習計画
①予想Aについて調べよう
②予想Bについて調べよう
③予想Cについて調べよう

図8

特に単元を通した問題解決的な学習の展開を考える際に大切になるのが、予想や学習計画を考えるようにすることです。これがないと、いくらよい学習問題を設定しても、結局は教師一人がそのあとの学習展開を独り占めにして、子供はいつも教師の指示で動くことになるからです。

イメージとしては、上のような形（図8）です。

ここで大切なのは、子供たちの予想を学習計画に生かしていることです。子供たちの予想は断片的、個別的であったり、感覚的であったりします。そのままでは学習計画にできないものが多くみられます。しかし、いくつか予想を出し合う中で、教師が「何か関係する人々の工夫がありそうだね」「自然環境の変化に関することでいいかな」などと、指導計画を視野に入れながら、カテゴリー化して予想らしく磨いていけばよいわけです。このことにより、単元のストーリーは教師と子供の共同作品になるわけです。

ただし、次のようにいくつかポイントがあります。

・予想は学習問題を決める前の「なぜ」疑問に対して出されることが多い。なぜ疑問の方が予想を立てやすいことによる。その場合には、それらの予想を踏まえて「では、どのように～しているかを調べていこう」と学習問題を設定し、予想は再度、その後の学習計画に生かすようにする。
・子供から予想が出やすい事象（販売の仕事など）と、出づらい事象（情報活用の仕組みなど）がある。出づらい事象の場合には、手掛かりとなる資料を提示することも大切である。その資料はその後の学習で使えることになる。
・子供から出た予想だけで学習計画の全てを作るわけではない。単元の目標に迫るためには、子供から予想として出されていない事項についても教師が意図的に提示したり発問したりしていく必要がある。
・学習計画を立てたら、「○○を調べよう」から「○○は、どのように～しているのだろう」「なぜ○○が大切なのだろう」などと「問い」の形に変換する。これが毎時の学習課題にもなる。

これらをイメージにまとめると、次の図9になります。問いの設定にも子供軸と教師軸があり、そのベストミックスが研究課題です。

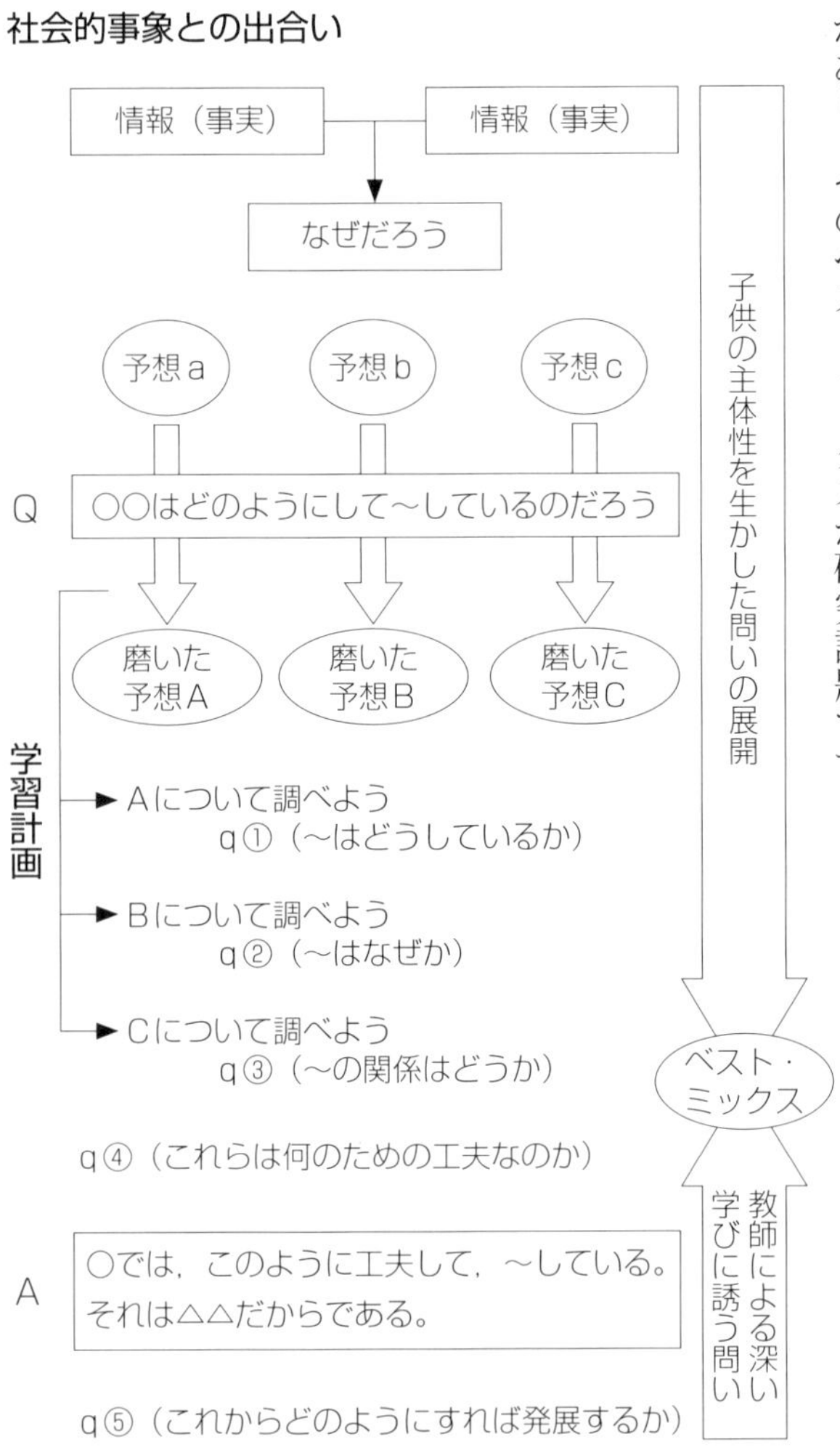

図9

(2) 新CS 主体的・対話的で深い学びの実現を目指す

ここに新学習指導要領で求められた要素を重ねてみます（99頁の右側）。新学習指導要領では、主体的・対話的で深い学びを実現するようにして、問題解決的な学習の充実を図ることが求められました。しかし、その内実はこれまで問題解決的な学習を一層充実させようとして目指してきた方向とほぼ重なるものです。

例えば、主体的な学びの実現については、子供が社会的事象から学習問題を見いだし、その解決への見通しをもって取り組むようにすることが求められます。そのためには、学習対象に対する関心を高め問題意識をもつようにするとともに、予想したり学習計画を立てたりして、追究・解決方法を検討すること、また、学習したことを振り返り、学習成果を吟味したり新たな問いを見いだしたりすること、さらに、学んだことを基に自らの生活を見つめたり社会生活に向けて生かしたりすることが必要です。

対話的な学びの実現については、学習過程を通じた様々な場面で子供相互の話合いや討論などの活動を一層充実させることが求められます。また、実社会で働く人々から話を聞いたりする活動についても今後一層の充実が求められます。さらに、対話的な学びを実現することにより、個々の児童が多様な視点を身に付け、社会的事象の特色や意味などを多角的に考えることができるようにすることも大切になります。

これらの主体的・対話的な学びを深い学びにつなげるように指導計画を工夫、改善することが求められます。そのためには、子供の実態や教材の特性を考慮して学習過程を工夫し、子供が社会的事象の見方・考え方を働かせ、主として用語・語句などを含めた具体的な事実に関する知識を習得することにとどまらず、それらを踏まえて社会的事象の特色や意味など社会の中で使うことのできる応用性や汎用性のある概念などに関する知識を獲得するよう、問題解決的な学習を展開することが大切です。また、学んだことを生活や社会に向けて活用する場面では、社会に見られる課題を把握して、その解決に向けて社会への関わり方を選択・判断することなどの活動を重視することも大切になります。

学習展開（学習過程）には、特に決まりがあるわけではなく、固定的に考える必要はありません。順序にも決まりはありません。次頁の表2は、新学習指導要領の趣旨を踏まえて、基本形を表したものです。しかし、社会科の授業づくりを考えていく上では、まずは学習展開の基本形を理解することが大切です。

学習問題を把握する

①学習問題を設定する
・社会的事象に出合う
・気付きや疑問を出し合う
・学習問題を設定する
②問題解決の見通しをもつ
・予想する
・追究方法を考える
・学習計画を立てる

学習問題について追究する

①予想や学習計画に基づいて調べる
・観察や見学，聞き取り調査を行う
・様々な資料から必要な情報を集めて読み取る
・子供同士で情報交換を行う
②社会的事象の特色や相互の関連，意味を考える
・事実に基づいて考える
・多角的に考える
・子供同士で話し合う（議論する）

学習問題を解決する

①調べたことや考えたことをまとめる
・学習問題を振り返って結論をまとめる
・結論について子供同士で話し合う

学習成果を振り返ったり新たな問いについて考えたりする

①学習したことを振り返って考える。
・自分の追究の仕方を振り返る。
・学んだことを意義を考える。
②社会に見られる課題を把握して，その解決に向けて社会への関わり方を選択・判断する。
・現実社会の課題に出合い，これからの社会の発展や自分の生活の在り方などについて考える。

●新CS

○主体的な学びの実現
・問題解決の見通しや振り返りの一層の重視
・問題意識に基づく粘り強い追究活動の重視
○対話的な学びの実現
・話合いや討論の充実
・実社会で働く人々との連携の重視
○深い学びの実現
・「見方・考え方」を働かせて社会的事象の特色や意味など概念等に関する知識の獲得することを重視
・社会に見られる課題を把握して，その解決に向けて社会への関わり方を選択・判断することを重視

表2　中央教育審議会「社会、地理歴史、公民ワーキング・グループ」資料（平成28年5月）を基にして、筆者が小学校社会科の趣旨に合わせて修正したもの

新CS

(3) 毎時の学習展開の工夫

私が参観させていただく際には、その日（研究授業）の1時間の授業展開を考えることが多いので、その展開についても多く感じることを述べておきます。

例えば次の図10（左）のように授業が展開したとします。

一見すると何の問題もなく、子供の問題解決的な学習が成立しているように見えます。確かに、教師の教材研究に基づく資料提示によって学習が進み、学習課題に対するまとめを子供が描き、教師が確認することで本時の理解目標が実現できているように見えます。しかし、こうした授業では、主体的な学び、対話的な学びが十分に実現していないことが多くあります。例えば、授業展開を次の図10（右）ように変えてみてはどうでしょうか。

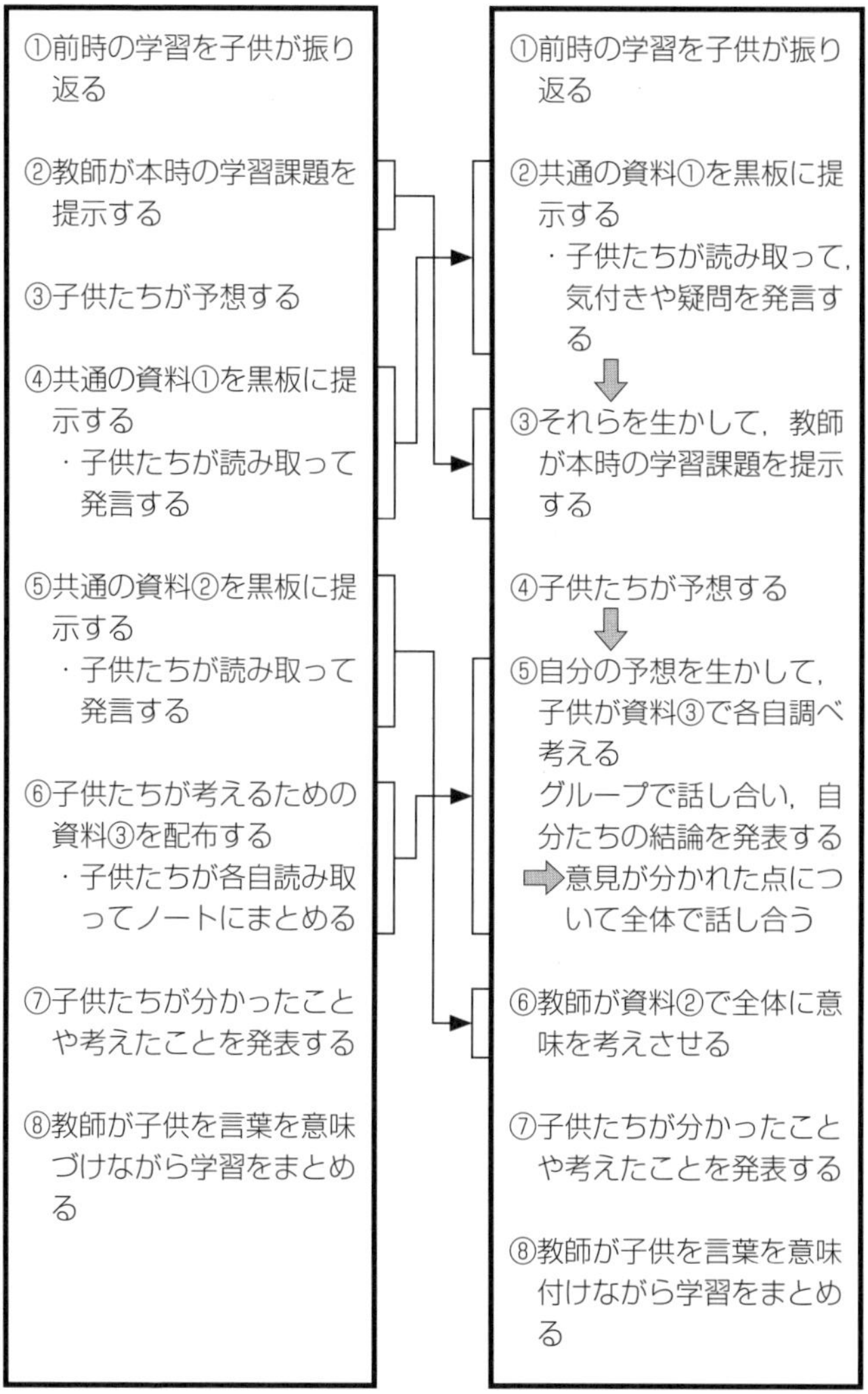
①前時の学習を子供が振り返る
②教師が本時の学習課題を提示する
③子供たちが予想する
④共通の資料①を黒板に提示する
・子供たちが読み取って発言する
⑤共通の資料②を黒板に提示する
・子供たちが読み取って発言する
⑥子供たちが考えるための資料③を配布する
・子供たちが各自読み取ってノートにまとめる
⑦子供たちが分かったことや考えたことを発表する
⑧教師が子供を言葉を意味づけながら学習をまとめる
①前時の学習を子供が振り返る
②共通の資料①を黒板に提示する
・子供たちが読み取って，気付きや疑問を発言する
③それらを生かして，教師が本時の学習課題を提示する
④子供たちが予想する
⑤自分の予想を生かして，子供が資料③で各自調べ考える
グループで話し合い，自分たちの結論を発表する
意見が分かれた点について全体で話し合う
⑥教師が資料②で全体に意味を考えさせる
⑦子供たちが分かったことや考えたことを発表する
⑧教師が子供を言葉を意味付けながら学習をまとめる

図10

大して変わっていないようにも見えますが、
・子供の気付きや疑問を生かして学習課題が設定させていること
・子供の予想を生かして各自がそれを調べるようにしていること
・グループで話し合い、それを生かして全体で話し合うようにしていること
など、前の活動を「生かして」次の活動につなげるように意図することが大切であることを表しています。

教師が自分の意図のみで学習を展開しようとするのではなく、子供に自分たちの発言が生かされていることや、学習の連続性や深まりを感じることができるように学習展開を工夫することです。特に⑤（右）では時間を十分に確保して対話的な学びを、また⑥（右）では問いを焦点化したり揺さぶりをかけたりして深い学びを、それぞれ実現するようにすることが大切です。

抽象的な例示になってしまいましたが、指導案を作ったら一度、「子供たちが考えるべきことの中心は何か」「どこの場面で子供たちにマイクを預けるようにしたらよいか」を考え、学習展開における順序を変えることも視野に入れて検討してみるとよいと思います。

4

子供が調べたり考えたりするための問いを構想する

●基礎・基本

(1) 単元の学習問題を考える

問いというと一番に思いつくのが「単元の学習問題」でしょう。

社会科の研究会では、指導計画を作成する際「1単元1学習問題」を基本とする計画づくりが多く見られます。これは、次頁の図11のように「単元の学習を方向付ける」学習問題を追究・解決することを通して単元の目標を実現するように意図しているからです。

そこで、まず、この「単元の学習を方向付ける」学習問題について考えてみましょう。

単元の学習問題は「学習（調べる事項）の方向付け」と考える

「方向付ける」としているのは、単元の学習問題は、子供たちが調べた事実を集めてまとめて分かる社会的事象の特色や意味（概念的等に関する知識）に迫るようにするための問題であるため、「○○工場では自動車生産はどのように行われているか」（特色を理解する）「政治の働きはわたしたちのくらしとどのような関わりがあるか」（意味を理解する）などと抽象度が上がることが多いからです。そのため「どのように（な）○○だろう」という学習問題が多くなるのです。○○について調べていこうという方向性が描かれるわけです。

では、こうした学習問題はどのように設定すればよいのでしょうか。

「設定」としているのは、教師による一方的な「提示」ではなく、子供と一緒に定めるイメージをもっていただきたいからです。できる限り子供にとっての学習の必然性や主体性が高まるようにしたいものです。

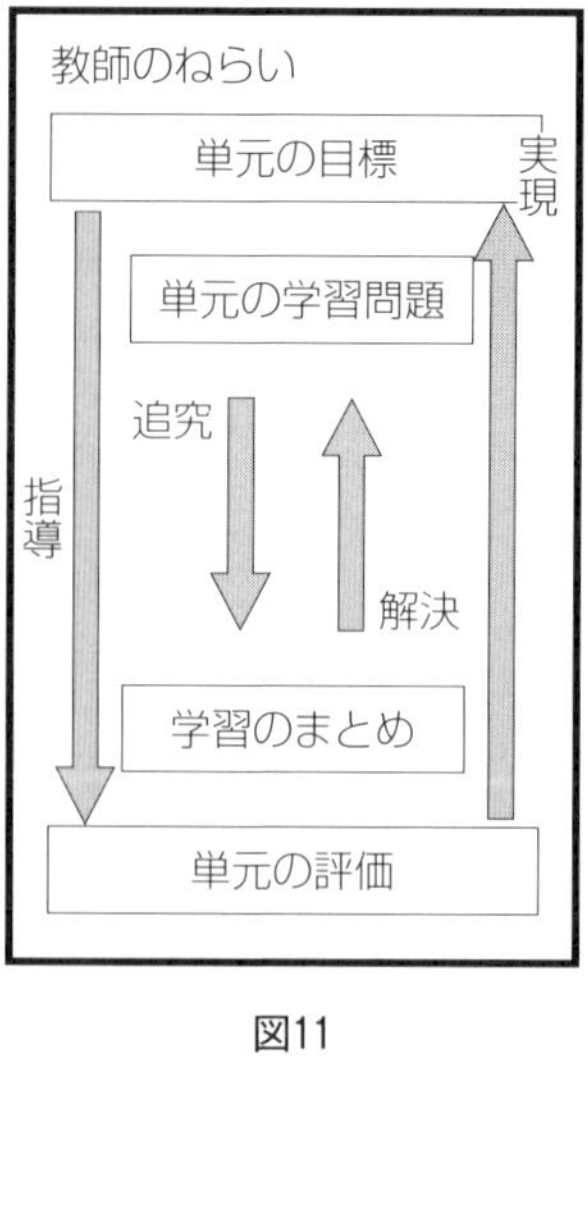

図11

そこで、まず「単元」について、考えてみましょう。『小学校学習指導要領　社会科編（試案）』（昭和26年）では、「第４章　単元のつくりかた」において次のような説明があります。

…（中略）学習の経験、言い換えれば学習活動が問題解決を中心として次々に発展していって形作られるまとまりが、社会科の単元である。

つまり、問題解決の学習経験で構成された内容のまとまりということを「単元」と言っているのです。また同試案では、単元の備えるべき条件として、「児童が強い関心をもって、その解決のための活動を営むような、いくつかの問題を含むものでなくてはならない」とも説明しています。

また、中央教育審議会答申「幼稚園、小学校、中学校、高等学校の学習指導要領等の改善及び必要な方策等について」（平成28年12月）において、次のような説明もあります。

単元とは、各教科等において、一定の目標や主題を中心として組織された学習内容の有機的な一まとまりのことであり、単元の構成は、教育課程編成の一環として行われる。

つまり、目標が単元のまとまりを形づくる基準になるということです。

●基礎・基本

(2) 目標を踏まえて学習問題を吟味する

ここからは、学習問題づくりの前提となる目標の設定を考えてみましょう。

例えば、第3学年の内容(2)の「地域に見られる販売の仕事」を単元構成することで考えてみます。

64頁で紹介したように、この単元の目標は、新学習指導要領を基にすると次のような文章で考えることができます（これは例なので、ほかにもいろいろ考えられると思います）。

○消費者の願い、販売の仕方、他地域や外国との関わりなどに着目して、見学・調査したり地図などの資料で調べたりして、販売に携わっている人々の仕事に見られる工夫を考え、表現することを通して、販売の仕事は、消費者の多様な願いを踏まえ売り上げを高めるよう、工夫して行われていることを理解できるようにする。

知識及び技能と思考力、判断力、表現力等を関連付けて表現したものです。

ここに、第3学年の目標(3)に描かれている「学びに向かう力・人間性等」に関連させた記述を考えて加えてみましょう。例えば次のようなものはどうでしょう。

○地域に見られる販売の仕事について、問題解決の見通しをもって主体的に調べようとする態度や、学習したことを自分の消費生活に生かそうとする態度を養うようにする。

学習内容が販売の仕事なので、地域社会に対する誇りと愛情、地域の一員としての自覚に直接迫るというより、地域の消費者の一人として社会を見ていく態度を養うことをねらった表現です。ただし、「消費者として」を強く打ち出しすぎると、消費者教育のようになってしまうので注意が必要です。あくまでも販売の仕事を「売る側」の立場に近づいて調べてみることが中心であることを忘れないようにしましょう。「自分の消費生活に生かそうとする」のは、単元末などに「学習したこと」を振り返る場面として考えておくとよいでしょう。

あらためてまとめると、単元の目標を次の2文で構成したことになります。

○消費者の願い、販売の仕方、他地域や外国との関わりなどに着目して、見学・調査したり地図などの資料で調べたりして、販売に携わっている人々の仕事に見られる工夫を考え、表現することを通して、販売の仕事は、消費者の多様な願いを踏まえ売り上げを高めるよう、工夫して行われていることを理解できるようにする。
○地域に見られる販売の仕事について、問題解決の見通しをもって主体的に調べようとする態度や、学習したことを自分の消費生活に生かそうとする態度を養うようにする。

目標を基にして学習問題を吟味してみる

さて、ここから単元の学習問題をつくるにはどうしたらよいでしょう。

1つの方法としては、104頁の図11にある「学習のまとめ」を始めに想定してからつくる方法があるでしょう。この内容における学習のまとめは、新学習指導要領に示された「理解すること」の記述を参考にして「販売の仕事は、消費者の多様な願いを踏まえ売り上げを高めるよう、工夫して行われていることが分かった」などの表現が考えられます。

次（図12）の構造で考えるわけです。

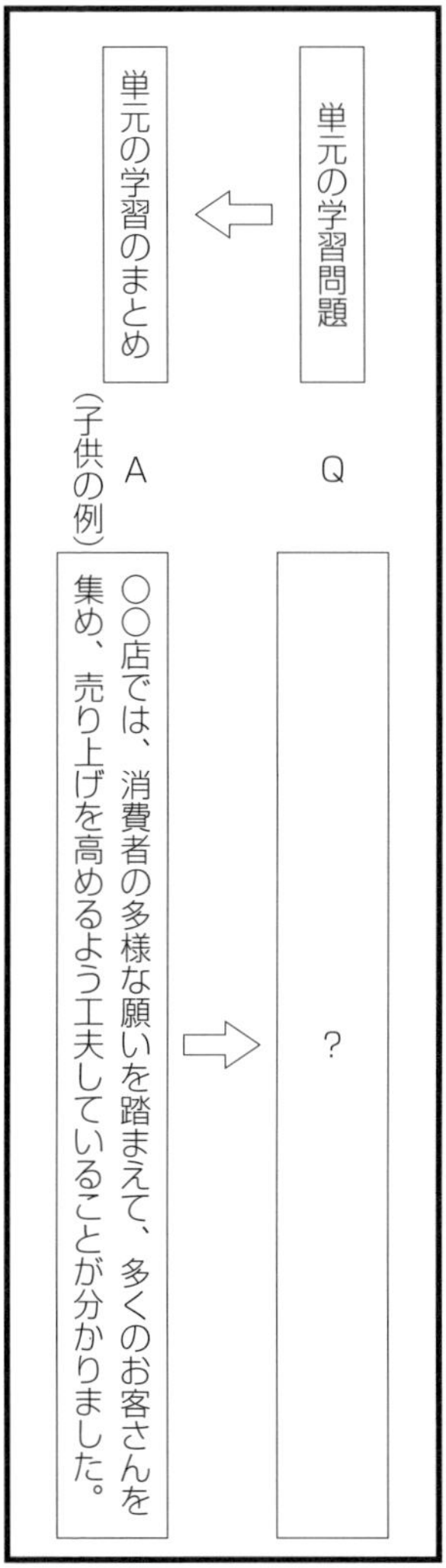

図12

皆さんなら、どんなQを入れるでしょうか。

例えば、次のようにいつくか考えられます。

ア「○○店では、どのように品物を売っているのだろう」
イ「○○店では、どのように消費者の願いに応えているのだろう」
ウ「○○店では、どのようにしてたくさんのお客さんを集めているのだろう」
エ「○○店では、どのようにして売り上げを高めているのだろう」
オ「○○店では、どのような販売の工夫をしているのだろう」
カ「○○店には、なぜたくさんのお客さんが集まるのだろう」
キ「地域の販売の仕事には、どのような工夫が見られるのだろう」

どれでもよいように思えるかもしれませんが、少しずつ質が異なるのです。

学習問題の「質」の違いをよく考える

その一つが、「事実を集めることに止めるか、意味の追究までねらうか」による違いです。

例えば、アは「事実を集めて様子を理解すること」までを視野に入れた学習問題です。イは「調べた事実を基に意味（消費者の願い）を考え理解すること」までを視野に入れた学習問題です。単元の目標として理解すべきことは「消費者の多様な願いを踏まえ、売り上げを高めるよう工夫していること」ですから、イの方がよいように思いますが、単元の導入として、まず事実を集めることから学習をスタートさせた方が子供たちにとって容易で学習展開がスムーズであることも考えられます。ただし、アの場合には、集めた事実を基にして「こんなふうに売っているのはなぜか」「これらの売り方はどのように消費者の願いに応えているのか」などと、意味に迫る問い（1時間の学習課題など）をあらためて単元の中で設定することが必要になります。

二つめが、「学習問題を設定するまでにどのような社会的事象と出合わせるか」による違いです。

例えば、イでは保護者などを通じて「消費者の願い」調べをしておく必要があります。ウとカでは資料などを通して「たくさんのお客さんが集まるという事実」に、エでは「売り上げを高めているという事実」に、それぞれ出合っておく必要があります。オとキでは

「工夫」という言葉のイメージを共有しておく必要があります。特にキでは「○○店」という事例ではなく「地域の販売の仕事」という抽象化をねらっているため、単元展開を通して一つの事例（店の様子）ではなく複数の事例（店の様子）を取り上げて共通点などを考える必要が出てきます。

三つめが「どのような疑問からつないで構成するか」による違いです。

例えば、イでは「なぜ消費者の人気が高いのか」、ウでは「なぜ他の店（個人商店など）より多くのお客さんが来るのか」、エでは「なぜこんなに売り上げが伸びているのか」・などと、それぞれ疑問が前提となっていることが大切です。そうでなければ、学習問題は子供のものにはならずに、教師から押し付けられたものになってしまうからです。「どのような社会的事象と出合わせるか」に近い違いですが、前提となる疑問まで考えておくとよいでしょう。

四つめが、「この後どのような事項を調べるか」による違いです。

このことについては、ウとカを比べて考えてみましょう。

ウ「○○店では、どのようにしてたくさんのお客さんを集めているのだろう」
カ「○○店には、なぜたくさんのお客さんが集まるのだろう」

一見、似ていますが、実はこの後に調べる事項の範囲が異なってきます。ウについては、「集めているか」ですから、主語はお店の人々になり、調べることの中心は「集めるための工夫や努力」に向かいます。しかし、カについては、「集まるのか」ですから、主語はお客さんになり、調べることの中心は「お客の嗜好や考え」に向かいます。そのため、お店の側の「集めるための工夫や努力」だけでなく、お店の立地（駅前にある、団地に囲まれている、近隣に店が少ない）、店舗の特徴（人気チェーン店、規模、複合店）などの要素も関わってくるのです。

したがって、調べる事項の範囲を広げずに学習を展開したい場合には、ウの方がよいし、もっと総合的に販売の様子を捉えさせたい場合にはカの方がよいということになります。

ちなみに新学習指導要領の内容として示されている事項について、ウでも十分に習得できると考えられます。

●基礎・基本

(3) 毎時間の問い（学習課題）を考える

～主体的な学習の実現を目指して問いを工夫する～

単元の学習問題を考えることができたら、次に毎時間の問い（以後、本書では「学習課題」という）を考える必要があります。なぜなら、先にも述べたように単元の学習問題は「単元の学習を方向付ける」働きをするものであり、具体的な問いの役割は果たしていないからです。

したがって、単元展開を通して、問いをどのようにつないでいくかを考えることが大切です。その際、考えられる方法としては、単元の学習問題に関わる子供たちの予想を大切にすることです。

例えば、「〇〇店では、どのようにしてたくさんのお客さんを集めているのだろう」という学習問題を設定した際には、次のような子供の予想が発言されるでしょう。

a　安さをチラシなどで伝えているのではないか
b　新鮮な品物や安心できる品物を仕入れて、それが分かるように表示しているのではないか
c　買い物がしやすいように並べ方を工夫しているのではないか
d　つい買いたくなるような展示やサービスなどをしているのではないか
e　一度行くと次も来たくなるようにお店の雰囲気をよくしたり、通路を広くしたりしてカートなどで便利に買い物ができるようにしているのではないか
f　売り出し日を決めたり、ポイントサービスをしたりして、他のお店よりお得感を出しているのではないか

などです。これらは当然、初めから子供たちがこの通りの言葉で発言するわけではありません。子供たちの発言する予想を学習問題に照らして「磨いていく」ことが必要です。

例えば、子供たちは「安いから」「品数が多いから」などと、端的な言葉で予想を発言します。しかし、これは学習問題の予想としては不十分です。学習問題は「どのようにし

てお客を集めているか」ですから、「つまりお店の人々は何をしているの？」などと、お店の側の意図が込められた言葉に磨いていく必要があるのです。

ここまで説明すると、先ほどの「○○店には、なぜたくさんのお客さんが集まるのだろう」という学習問題の場合には、「安いから」「新鮮だから」「品数が多いから」といった予想がそのまま成り立つことが分かることでしょう。そのため、他店と比較して「本当に安いのか」「本当に新鮮なのか」「本当に品数が多いのか」などと調べる必要が出てきてしまうのです。これらはかなり困難なことであると考えられます。

先のア～カのように予想を磨いておけば、アについてはチラシで調べよう、イ～オについてはお店を見学して調べよう、カについては店長さんに聞いてみようなどと、調べ方も含めて見通しがもてるようになります。

そこで、予想を基にして学習計画を立てることができるようになります。

つまり、次のような大まかな計画を問いの形で子供と一緒に考えるわけです。

○○店では、どのようにしてたくさんのお客さんを集めているのだろう

【調べる】
①どのように安さを伝えているか（a）（チラシ）
②どのように新鮮な品物を仕入れる努力をしているか（b）（見学）
③どのように並べ方や表示の仕方を工夫しているか（c、d）（見学）
④気持ちよく買い物ができる工夫は何か（e）（見学）
⑤どのようなサービスや売り出しをしているか（f）（インタビュー）

【まとめる】
⑥調べたことを消費者の願いと結び付けて考える（話合い）

もちろん、①～⑤が指導計画の全てではありません。学習指導要領から見出した教材化の視点「保護者の願い」を位置付ける必要がありますから、右図の⑥のように保護者から消費者の願いを聞き取ったり、お店の工夫を消費者の願いと関連付けて学習をまとめたりする活動も必要になることでしょう。

しかし、少なくとも、子供たちは①～⑤について調べるという見通しはもてることになります。このことには、「お客を集める」という学習問題にある言葉の意味にピンときていない子供たちも「伝える、仕入れる、表示する、サービスする」などの具体的な言葉で「お客を集める」ことのイメージを共有できるようになるというよさもあります。

　すなわち、単元全体を見渡した時、問いの構成は上記の図13のように考えればよいわけです。このことは、単元の学習問題づくりをあまり難しく考えずに、単元の問い（学習問題）は、調べる事項を方向付けるようにつくり、毎時間の問い（学習課題）は、具体的な事実を通して、特色や意味に迫るようにつくればよいということを表しています。

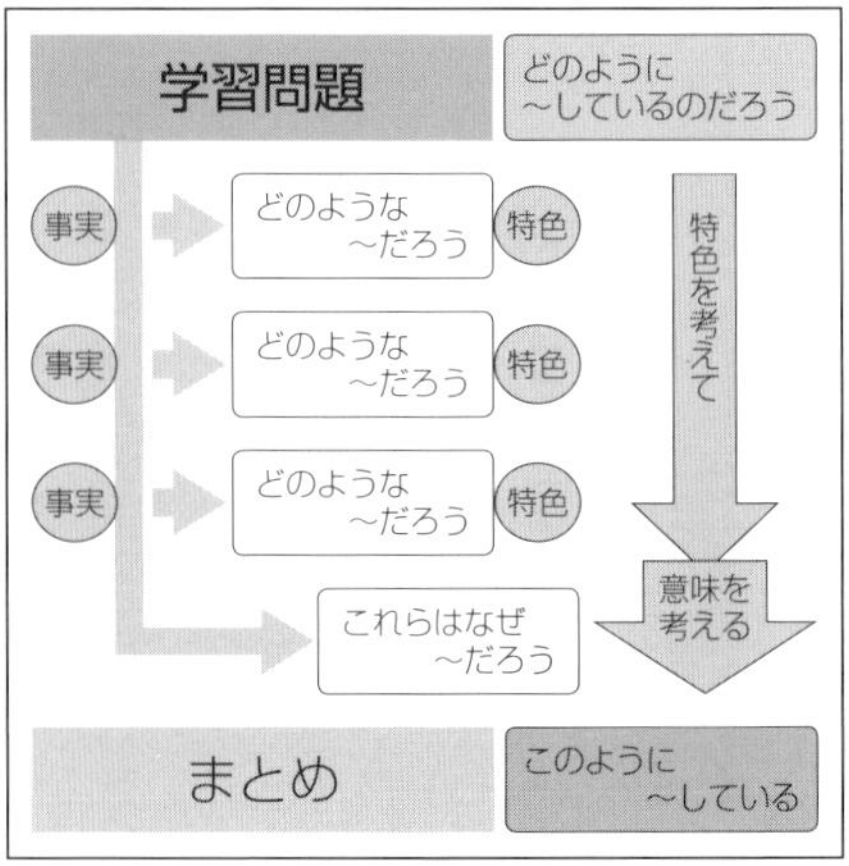

図13

　そして、子供たちの予想など見通しが及ばない事項であっても、単元の目標を実現するために必要であれば、教師の指導計画に入れればよいのです。これが、教師軸と子供軸のバランスです。

　先に述べたように、「学習活動が問題解決を中心として次々に発展していって形作られるまとまりが、社会科の単元である」「目標が単元を形作る」という趣旨に基づけば、次の学習課題や新たな問いが生まれるように教師が意図的な展開を工夫し、目標の実現に迫ると考えてよいことになります。そのことにより「自動車はどのように作られ、どのように運ばれ、これからはどう発展するのだろう」などと、複数の問いを無理につなげた学習問題を単元の始めに作らなくて済むことになります。

もしも単元の始めに、単元の終末までを見通した学習問題を設定したいのであれば、「自動車生産の課題を調べて改善策を提案しよう（○○にまとめよう）」といった、いわゆるパフォーマンス型の学習問題を提示して、そのためには「まずどのように作っているか調べる」→「その上で生産上の課題を知る」→「その課題の解決策を考えて自動車会社に提案する」といった指導計画を子供と一緒に作る方法などが考えられます。しかし、こうした課題については、子供の発達の段階に即しているか、学習問題に必然性はあるか、提案や作品作りは必ず必要なのか、などといった指摘も考えられるため、十分に研究する必要があるでしょう。

ちなみに、単元の後半に調べたことをまとめて「これらはなぜ～だろう」と考える単元

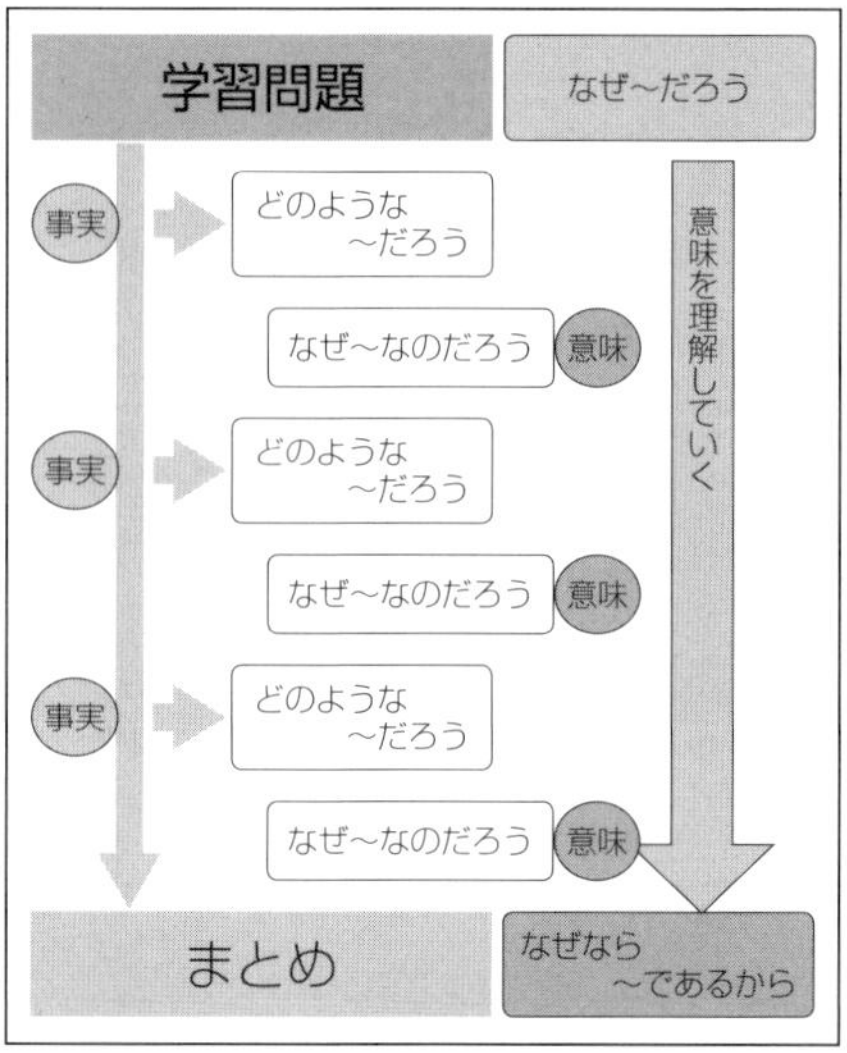

図14

展開もあれば、上記の図14のように、毎時間の授業の中で「なぜ」という問いを設けて、社会的事象の意味に丁寧に迫っていく学習展開も考えられます。

この場合、単元の学習問題も「なぜ」という問いにすることも多いのですが、子供たちが出し合った予想を順番に調べたり考えたりしていくという展開には大きな違いはありません。このようにいろいろな展開を工夫してみることが大切です。

新CS

(4) 子供が「社会的事象の見方・考え方」を働かせる「問い」を工夫する

ここに新学習指導要領で求められている要素を加えていきます。資料のところで述べたことと同じで、問いを通して子供が「見方・考え方」を働かせるように工夫することです。新学習指導要領では、子供たちが「社会的事象の見方・考え方」を働かせて深い学びを実現できるようにすることを目指しています。その一つの方策が「社会的事象の見方・考え方」を用いて調べたり考えたりするような教師の意図的な指導になります。

「問い」は頭の働きを誘導する措置

そのために大きな働きをするのが、先述した「資料」であり、もう一つは「問い」です。社会的な見方・考え方を用いて考えるとは、123頁の図15にあるように、例えば、「どのような場所にあるか」「どのように広がっているか」などの問いを設けて、「場所」「分布」「範囲」(位置や空間的な広がり)などの視点に着目したり、「なぜ始まったのか」「どのように変わってきたのか」などの問いを設けて、「起源」「継承」「変化」（時期や時間の経過）などの視点に着目したり、「なぜこのような方法をとっているか」「どのようなつながりがあるか」などの問いを設けて、「工夫・努力」「関わり」「協力」（事象や人々の相互関係）などの視点に着目したりして、社会的事象の様子や仕組みなどを捉えることです。

また、捉えた社会的事象について、「どのような共通点があるか」「どのような仕組みと言えるか」などの問いを設けて、比較・分類、総合して社会的事象の特色を考えたり、「なぜ必要なのか」「どのような役割を果たしているか」などの問いを設けて、地域の人々や国民の生活と関連付けて社会的事象の意味を考えたりすることなどを想定しているものです。

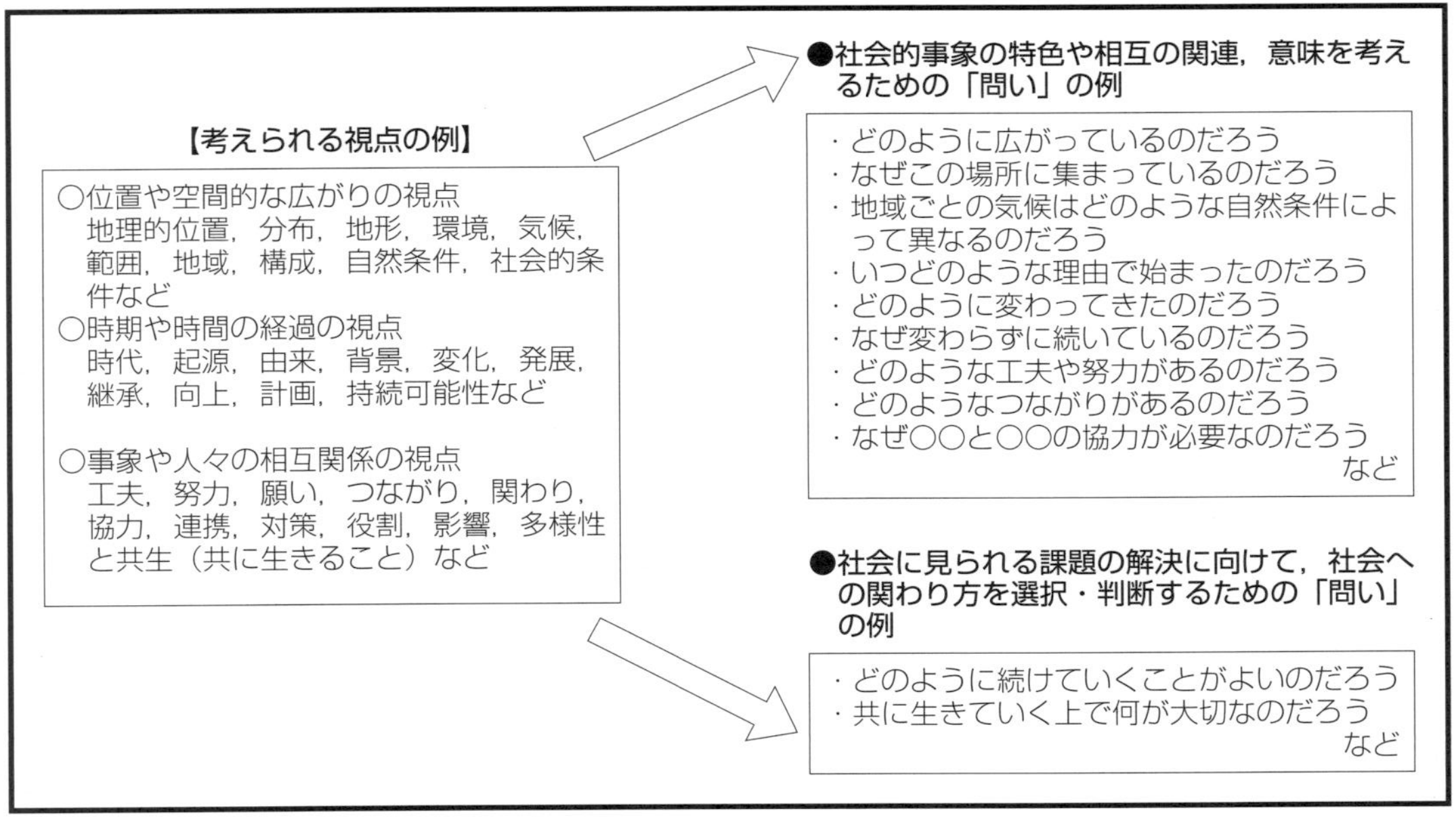
【考えられる視点の例】
○位置や空間的な広がりの視点
地理的位置，分布，地形，環境，気候，範囲，地域，構成，自然条件，社会的条件など
○時期や時間の経過の視点
時代，起源，由来，背景，変化，発展，継承，向上，計画，持続可能性など
○事象や人々の相互関係の視点
工夫，努力，願い，つながり，関わり，協力，連携，対策，役割，影響，多様性と共生（共に生きること）など
●社会的事象の特色や相互の関連，意味を考えるための「問い」の例
・どのように広がっているのだろう
・なぜこの場所に集まっているのだろう
・地域ごとの気候はどのような自然条件によって異なるのだろう
・いつどのような理由で始まったのだろう
・どのように変わってきたのだろう
・なぜ変わらずに続いているのだろう
・どのような工夫や努力があるのだろう
・どのようなつながりがあるのだろう
・なぜ○○と○○の協力が必要なのだろう
など
●社会に見られる課題の解決に向けて，社会への関わり方を選択・判断するための「問い」の例
・どのように続けていくことがよいのだろう
・共に生きていく上で何が大切なのだろう
など

図15

社会的な見方・考え方を用いて判断するとは、着目する視点を「これからはどのように続けていくべきか」「自分たちはどのような関わり方ができるか」など、自分の生活や行動について選択したり社会の発展に向けた自分なりの意見をもったりするための問いに生かし、子供が社会への自分たちの関わり方を選択・判断することなどを想定しているものです。

つまり問いは、位置や空間的な広がりへ、時期や時間の経過へ、あるいは事象や人々の相互関係へと、子供の頭の働きを誘導し、その方向に向かって子供が考えるようにするための装置であるともいえます。事象を比較する、国民生活と関連付ける、社会への関わり方を選択・判断する際にも問いが自動装置として働きます。

96頁（図9）に示した問いにおける子供軸と教師軸をベストミックスでつなぐためのヒントが「見方・考え方」であると言えるのかもしれません。

「社会的な見方や考え方」と「社会的事象の見方・考え方」

社会科における見方・考え方は、平成20年告示の学習指導要領では、「社会的な見方や考え方」と表現されています。その内容は詳しく述べられてはいませんが、「社会的な」

というと、例えば「社会の一員として」「公正な」「公共的な視点で」などと、子供の見方や考え方が社会的になる「ゴール」イメージで捉えることになるものと思います。小・中学校の社会科や高等学校の地理歴史科、公民科の学習を経て、子供たちにそうした見方や考え方を養っていくという方向は間違いありません。

しかし、それでは「養うもの」すなわち資質・能力として捉えることになります。四つ目の資質・能力の柱になってしまうのです。そして見方・考え方は知識にも思考にも関わりが深いため資質・能力の構造が複雑になります。

そこで今回の改訂では、「養うもの」から「子供が働かせるもの」へと整理し直しました。そのため、「〜に着目し、〜を捉え、〜（比較、関連付けなど）して」などと、社会的事象を確かに捉えて特色や意味を考えるための「プロセス」イメージで表現しています。このことは、社会科以外の各教科等においても、その教科等は「どのように学ぶのか」を具体化に表現することにもつながりました。

各教科等で、新しく整理した事項であるため「見方や考え方」ではなく、「見方・考え方」という新しい看板を付けたということです。

社会科では、学習指導要領やその解説に

「（問いの例）」などの問いを設けて、～を調べ、〇〇を〇〇と（比較、関連付けなど）して考え、～して表現する

などと、問いをスタートにして学習プロセスを記述し、社会科は「どのように学ぶ教科であるか」を表現しています。

したがって、こうした問いを単元等のプロセスの中でどのように構想するかが大切です。学習問題（課題）と毎時の問題（課題）における問いはどのようにつながり、どのように特色や意味に迫っているか、あるいはどのように社会への関わり方の選択・判断につながっているかなど、単元を通した問いの構成を工夫して、子供が社会的事象の見方・考え方を働かせるように授業設計することが求められています。

「社会的事象の見方・考え方」は、社会科らしい学びを実現するため

例えば、第4学年の学習で「先人による地域の開発事例」を取り上げて、「Aさんが人々の願いに応えて努力を積み重ね、私財を投げうって何年もかけて用水を通した」ことなどを理解する授業があります。しかし、この授業の1コマだけを見ると、道徳の授業とさして変わりがないことに気が付きます。これを社会科らしい授業にするには、次の時間に当時の地図を子供に見せながら「Aさんの作った用水によってどの地域までの新田開発が進んだのか」などと空間的な視点（広がり）に着目して考えるようにしたり、その次の時間に「Aさんはどんな立場の人々と協力したり対立したりしながら作業を進めていったのか」などと人々の相互関係の視点（協力・連携）に着目して考えるようにしたりすることが、社会科らしいAさんの業績の捉え方になります。

つまり、歴史的な内容の学習ですから、時間的な視点で学ぶことは当然なのですが、そこに空間的な視点や相互関係的な視点を加えて単元を構成することが大切になるわけです。資料のところでも述べましたが、地理的な内容にも時間的な視点や相互関係の視点が、歴史的な内容にも空間的な視点や相互関係の視点が必要になることがあります。特に人々の働きや協力関係の様子を捉える内容では、時間的に見たり空間的に見たりすることが大切

になります。そうした問いを加えるように考えていけばよいのです。

ただし、繰り返しておきます。時間、空間、相互関係の視点は、必ずしも三つとも必要とは限らないし、バランスよく配置する必要もないことです。単元等の目標を実現するために、補強すべき視点は何かと、「足し算」で考えてみることが大切です。

こうした見方・考え方は、子供の中にQuestionとして残り、子供が自在に用いるものとして、その後の学習における問いや予想などに生かしたり、社会生活に問いかけたりできるようにすることを目指しているのです。

●新CS

(5) 社会への関わり方を選択・判断することにつながる問いを工夫する

99頁の表2の下段に示したように、「新たな問いについて考える」（次頁図16）ことも内容に応じて大切になります。

従来から「学習活動が問題解決を中心として次々に発展していって形作られるまとまりが、社会科の単元である。」と言われているのですから、1単元1学習問題はあくまでも

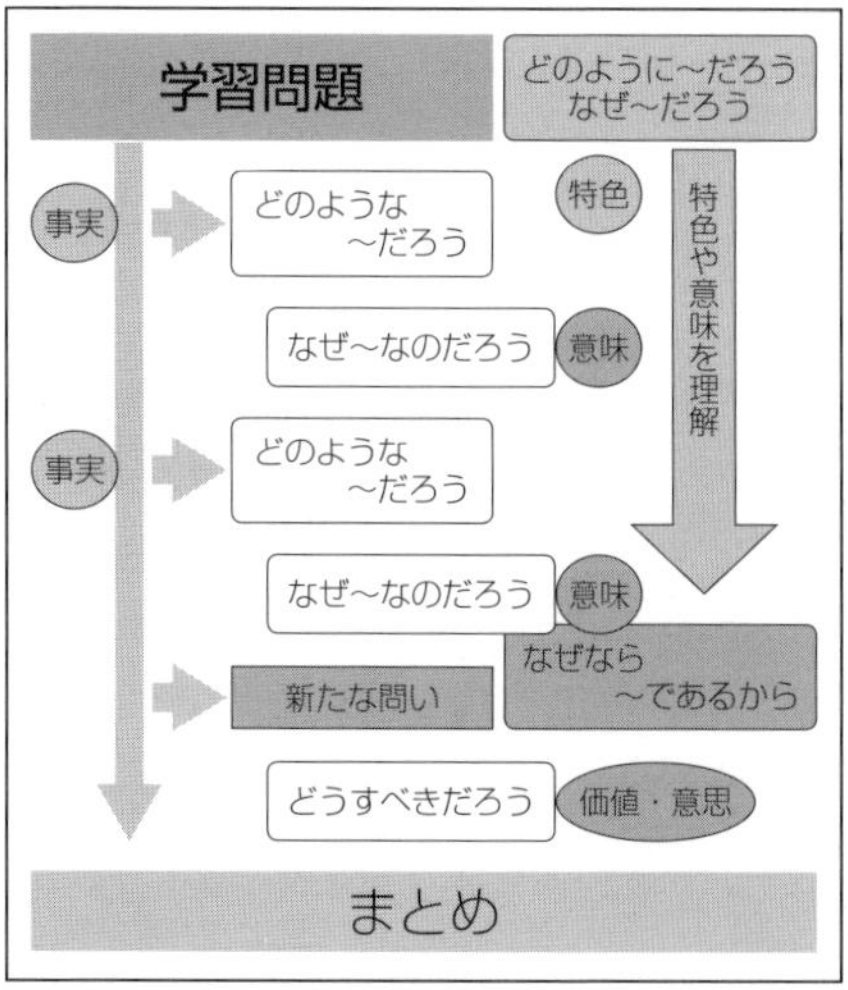

図16

基本形であり、そのほかに様々な応用編があってよいことになります。

例えば、単元の後半や終末に作られる新たな問い（学習問題と呼ぶ場合もある）です。それが認められないようでは、農業における食料生産の学習で「輸送方法や販売方法」に関わる内容までをまとめて単元構成する際、学習問題を「お米はどのように作られて、どのように運ばれるのだろう。また、これからどのように発展していくのだろう。」などと、子供の問いや予想から離れ、時間的に隔たりのある複数の事項に対する問いを組み合わせて設定するような無理が出てきてしまいます。こうした課題は、「単元の学習問題は1つに限定することはない」と考えれば解決し、安心して授業を進めることができます。

「これだけ工夫や努力をしているのに、こんなに課題があるのはなぜか（どうすればよいか？）。」「私たちは関係機関の協力により守られている。ではなぜ事故がなくならないのか（安全というのは本当か？）。」など調べたことを「問い直す」新たな問いや、「私たちにできることはあるのか、あるとすればどのようなことか。」「何を大切にしていけばよいか（何を優先すべきか？）。」など、「社会への関わり方を問う」新たな問いが、単元の後半や終末で設定される授業は既に多くの地域で見られています。

この後者、すなわち「社会への関わり方を問う」問いは、24～26頁で述べたように、社会科における思考力、判断力、表現力を育成する上で、これまで以上に重視する必要があります。新学習指導要領に示されている各学年の目標を踏まえて「地域社会の一員としての自覚をもつ」「我が国の産業の発展に関心をもつ」「我が国の将来を担う国民としての自覚をもつ」といった資質・能力を単元の目標に掲げる場合には、なおさらです。このことは、次の学習活動のところで詳しく述べるようにします。

5

子供が目標の実現に迫るための学習活動を構想する

学習活動は、「調べる」「話し合う」「まとめる」などと表現される子供の活動です。「知る」「考える」「理解する」は、頭の働きであって活動ではありません。

学習活動を構想する際に注意したいのは、活動を表す言葉の前後に何を書くかということです。

例えば、「調べる」「話し合う」「まとめる」について、単に「〜を」や「〜について」だけが記されているのであれば、十分な学習活動の構想にはなりません。一文が次のような文脈になっていてこそ、学習活動が具体的に構想されていると判断できます。「何のための学習活動か」を明確にしているからです。

学習活動の目的を明確にするよう構造的に書く

(1) **[調べる]**
「Aの方法で、Bに関する情報を集め、読み取る」など、「A　調べる方法」と「B　調べる対象」を示すとよい

(2) **[話し合う]**
「Aについて話し合い、Bを考える」など、「A　話し合うテーマや論題」と「B　考察する対象」を示すとよい

(3) **[まとめる]**
「Aについて、Bしてまとめる」など、「A　整理する内容」と「B　まとめる方法」を示すとよい

●基礎・基本

(1) 調べる活動

一口に「調べる活動」と言っても、様々な活動が考えられます。先述のように「何を調べるか」「何の情報を集めて、読み取るか」を挙げればきりがありません。

そこで19頁に示した「技能」を参考に考え、

①必要な情報を集める活動
②必要な情報を読み取る活動

と整理してみます。
そして、いずれの活動においても
・調査活動（野外調査活動、社会調査活動）を通して
・様々な資料を通して

・その他（体験活動、資料館等の見学活動、コンピューターの活用などを通して）
など方法を明示することが、調べる活動を具体的に構想することになります。つまり、

・地域の様子を観察して（野外調査活動）→①、②
・関係者への聞き取りやアンケート調査を通して（社会調査活動）→①、②
・地図や年表などの資料で調べて（様々な資料）→①、②
・模擬体験を通して→①、②
・資料館や博物館を見学して→①、②
・インターネットで調べて→①、②

などが調べる活動の類型と言えそうです。
①、②は、「（問題解決に）必要な情報を集める、読み取る」ですから、学習問題、取り扱う内容や取り上げる教材によって様々挙げられるため、これもきりがありません。
大切なことは

～（方法）を通して、問題解決に必要な～（社会的事象）についての情報を集める（読み取る）

という構造を意識して調べる活動を構想することです。

●新CS (2) 話し合う活動（対話的な活動）

指導案などに「話し合う」という表現は多く見られます。しかし、現実には、「教師の発問に子供がただ答えているだけ」という場面にもよく出合います。また、グループなどで話し合う形式であっても、話合いが思うように進まない例も少なくありません。これは、「何をどのように話し合い、何を考察すればよいのか」という想定が不十分なために起きます。「話し合う」という文末表現が、「便利な言葉」であるだけに、注意が必要なゆえんがここにあります。

学習活動は、「内容」や「情報」、子供の「思考」や「理解」がセットになってはじめて「学習」活動になります。これらが一丸となって学習問題の解決に向かうのです。つまり、教師が教えるべき内容や育成すべき資質・能力を子供が自ら身に付けるように仕向けているのが学習活動です。

新学習指導要領が求めている「対話的な学び」にも関わることなので、「対話」をキーワードにして詳しく考察してみましょう。

対話には次のようにいくつかの方向が考えられます。

①子供同士の対話
②教師と子供の対話
③ゲスト・ティーチャーなど外部の人と対話
④歴史上の人物、先人などとの自己内対話

①子供同士の対話的な活動
～対話的な活動は、問いの焦点化、教師の役割、学習スタイル確立で～

すぐに討論的な活動がイメージされる言葉かもしれませんが、それは目指す方向として捉えておき、まずは「子供同士がいかに向き合うようにするか」を考えることが大切です。子供同士が直接やりとりしている授業は実は少ないからです。

その改善方法の一つとして、「問いの焦点化」があります。

例えば、単元の学習問題の例として紹介した「どのように～しているのだろう」では、問いが大きく漠然としていて子供同士の直接的なやりとりは生じません。まず調べて情報を集めてみないと何も言えないからです。

ですから、その後の単元の中の展開で、「～であるのになぜ」「いったいどうやって」「どっちがよい方法か」「何を優先すべきか」などと、調べて得た情報を基にして、問いが焦点化された時の方が、その問いに対する子供同士の答えが明示されやすく、その答えが子供同士で分かれた時にやりとりが生まれやすいのです。子供たちの依って立つ立場が明確になり自分の意見や考えをもちやすくなるからです。

そもそも対話的な活動は、それを子供たちが必要とするから成り立つはずのものです。つまり、迷ったり困ったり対立したりして、力を合わせ結論を求める必要が生じた時の方が、対話は生まれやすくなります。

迷うから相談する、対立するから調整する、大切なことがたくさんあるから優先順位を決める、様々あるから観点などを整理する、そうした必要があるから話し合うのであって、そのような状況を作らずに向かい合わせても、子供たちにとっての主体的な活動にはなりません。

ですから、毎時の授業の中では、問いの焦点化により、対話の必要性が生じる場面があった方が子供同士の対話的な活動は活発になります。

もう一つの改善方法として、「教師によるつなぎ」があります。教師が子供と子供の間に入り発言をつなぐようにするのです。

それも大きくは二つあり、一つは言葉をつなぐようにすることです。例えば、ある子供が「ごみ集積所には色々なごみがたくさん集まる」と発言した場合、「色々って？」と教師が問い返します。この問い返しを発言した子供にだけするのではなく学級全体にするのです。あるいは「たくさん集まるから？」と問い返し、続き（「一度に集めるのは大変」など）を引き出すようにします。これも学級全体に投げ返します。このようにしていくと、子供たちは「一人の発言では不十分であり、みんなで発言をつなぐことにより意見が完成すること」に気付いていきます。そのうちに、教師が間に入らなくても「つまり」「それは」「だから」などとつなぎ言葉を冒頭に使いながら、他の子供の発言につなげて発言するようになっていきます。教師が「つないで」と促すだけで子供たちが発言をつないでいく学級もあります。

もう一つは意見をつなぐようにすることです。この場合には、意見の対立軸を明確にすることが大切です。子供たちは様々な言葉を使いますから、よく聞いていないと分かりづらいですが、子供同士の発言内容には「ズレ」があることがあります。Aさんの言いたいこととBさんの言いたいことは少し違うのです。それを取り上げて「違いが分かりましたか？　みんなはどっちの考えに近い？」などと対立軸を明確にするのです。そうすると他の子供たちも話合いに参加しやすくなります。また、違いが生じると、それらが合わさったときにはより豊かな考えになります。

さらに改善方法を言えば、「学習スタイルの確立」です。「分かった人は？」「気付いた人は？」などと教師が問いかける形だけで発言を子供の意欲にのみ頼っていると、学年が上がるにつれて発言者が限られたり減少したりしていきます。「発言したいか？」と聞いているようなものだからです。高学年になると「目立ちたいか？」とすら聞こえてしまう子がいるはずです。

ですから、みんなが発言しないとよりよい問題解決が図れないという意識で学習スタイルを確立していくことが大切です。

相互に指名をしながら発言をつないでいく方法や、板書に名前カードを貼って全員の意見を黒板に位置付ける方法など、対話的な活動を促す学習スタイルはたくさんあります。例えば、「問いかけに対して、ノートに考えを書けたら全員が起立する。順番に発表し同じ考えだったら座る。少しでも違っていたら必ず発表する。」「グループで話し合い結論がまとまったら代表者が立つ（代表者は毎時間交代する）。そのあと代表者同士で意見を紹介し合う（交し合う）。」「授業の途中で自分のノートをもって教室内を動き、他の子供と情報を交流し自分の意見に加える（自分の意見を見直す）。」など、様々な方法を試してみるとよいです。

いずれにしても、これらの活動が1時間の授業展開の中に位置付き、それをすることにより本時の問題がよりよく解決できるのだと子供たちに意識づけることが大切です。

こういう学習スタイルを小・中学校で共有していけば、中学校に進むと急に発言しなくなるといった課題も解決に向かいます。日本の小・中学校で共有・連携すべきは、こうした学習スタイルの工夫・改善ではないでしょうか。

②教師と子供の対話的な活動～教師と子供、実社会の人と子供の対話も～

子供同士の対話的な活動の実現には、「教師によるつなぎ」が大切であることを先述したように、教師と子供の対話的な活動も大切です。教師と子供のやりとりがなければ学習問題が子供に十分に届くこともありませんし、子供の学習のまとめも不十分なものとなります。教師が一方的な指示や発問をするだけでは、子供の主体的な学習も実現しません。

その改善方法の一つは、子供の「心内語」に耳を傾けることです。心内語とは子供が心の中でつぶやいているだろう「思いの表現」です。次のような、表現が考えられます。「先生、よくわかりません」「先生、なぜ今グループにするのですか」「先生、手掛かりがないので何も思いつきません」「先生、速すぎます。もう一度説明してください。」「先生、まだ終わりません。もう少し時間を下さい」等々です。これらの表現は多くの子供は声に出して発することはありません。ですから、教師自身が、こうした表現を想定し、子供の表情などを含めた学習の様子を把握して感じ取ることが必要になります。そして、教師が言葉に発するようにするのです。

例えば、「分かりづらいところはあるかな。あるとすればどこかな?」「一人でできそうかな。友達と相談してみる?」「前に学んだことを使えないかな。○○と似ているけど思いつくかな?」「もうそろそろできたかな。もう少し時間が必要かな?」

たわいもない声かけのように思えますが、子供の側からしたら、教師が「はい次はグループを作りなさい。」「時間です。発表しましょう。」「これから関係図にまとめます。」などと一方的に進行することとは大違いなのです。こうした教師と子供のやりとりが、子供たちに活動の必要性を感じ取らせたり、安心感を与えたり、次の活動への意欲を高めたりするのです。

もう一つの改善方法は、言葉を子供に丁寧に届けるようにすることです。

教師は、学習問題などを提示して、指示したり発問したりすれば、子供がそれらを把握したと思いがちですが、必ずしもそうとは言えません。少なくとも学習問題の意味自体に「?」が浮かんでいる子供たちは一定数いると考えた方がよさそうです。その場合、届いたか届いていないかを子供に確かめることよりも、具体例などを提示することを考えたらどうでしょう。例えば、「○○を理由とした場合、こんな風に意見をまとめることができそうだね。」「自分の結論が○○だとすると、根拠となる資料は例えば□□が考えられるね。これを~ですと説明しながら見せれば分かりやすいかな。」などです。物事の理解には「例えば」が大切です。「例えば」が分かるから「つまり」といった本質が分かるようになるのです。

ただしここでも、指示というよりは問いかけながらやりとりすることが大事です。なぜなら、例示をそっくりそのまま真似ることを求めているわけではないので、例示を基に子供が考えるための余地を残すためです。教師の例示を受け止めて、そのままやろうとする子供も入れば、もっと工夫しようとする子供もいるはずだからです。

さらに言えば、教師が子供たちの話合いに参加して一緒に考える姿勢を示すことも改善方法の一つです。

45分の授業を全ての時間帯で子供たちが主導権を握って進めることは困難です。本時の目標の実現に導く役割が教師にはあり、そのための指導が必要です。それをやらずして子供たちが活発に議論したとしても、深い学びへの道しるべを見いだすことができないでしょう。ですから、子供たちの話合いを中心に授業を進める場合でも、教師の出るべき場面をいくつか想定しておくことが大切です。

よく見られるのは、「ちょっと待って」「みんなの意見はつまりこういうことかな」と、「立ち止まり」や「情報の整理」を意図する場面です。あるいは、「じゃあこれはどうだろう」と新たな情報を提示して視点の転換や視野の拡大を意図する場面も見られます。こうした場面では、教師の意図が強く出て学習の進展や深まりが促されます。

一方、教師が「子供の話合いに参加して一緒に考える」関わり方もあります。「なるほどね」「でもどうなかあ」「ああそうか」「うーん、難しいなあ」「〜はどう？」などと、子供たちの話合いに参加する形です。この場合、教師があらかじめ限定的な答えをもっていたり、強い意図で誘導したりするのではないという点で、先の例とは趣旨が異なります。教師も一緒に考えるようにすることで子供たちの思考が活発になる例はたくさん見られます。ただし、先ほども述べたように、授業は目標に向けて教師が指導すべきものです。ですから、一緒に考える関わり方は、45分の授業の中での一定程度の限られた時間にするか、あるいは「社会に見られる課題を把握して社会への関わり方を選択・判断する」場面、すなわち、学級の全員が共通理解に向かうのではなく、問いの答えは多様にあり一人一人が自分の考えを結論にすることができるような授業で行うようにすることなどが考えられます。

③ゲスト・ティーチャーとの対話的な活動

ゲスト・ティーチャー（ＧＴ）を招く多くの授業では、子供たちに聞きたいこと（質問など）をあらかじめ決めさせて、ＧＴには事前の打ち合わせで伝えておくなど事前の準備が行われます。こうした段取は、限られた時間内で効果的に授業を進めるうえで有効だと思います。

しかし、いざ当日の授業を迎えてみると、子供たちは決められた質問のみ投げかける、ＧＴはあらかじめ用意した回答（説明など）を読み上げる、そんな授業では対話的な活動とは言えない気がします。ＧＴからの回答に対して、疑問に思ったこと、さらにつっこんで聞いてみたいこと、自分はこう思うという意見を率直にぶつけていく、そうした「やりとり」があってはじめて、ＧＴと子供の間に「対話」が生まれます。そして、そんな「やりとり」だからこそ、GTの言葉は、単なる「回答」から、抜き差しならない「本音」に変わるのです。子供たちの調べ活動の答え合わせのために、GTを招聘するわけではありません。ましてGTは、日本の工場や商店の代表者でもありません。A工場やB商店で働く一社員にすぎません。ですから、ただ回答を述べてもらうだけでは、調べ活動の答え合わせにもなりません。

ですから、「回答」ではなく「本音」を引き出さないと、子供たちの学習の寄与できないのです。「本音」とは、実際に現場で働く立場にいる人のリアリティのある考えです。このリアリティは、子供たちが自分の学習について振り返り、学習を自分ごとと捉えて、次の学習に向かう材料（情報）にすることができます。

「Aさんが〜が大切だといったのは、なぜでしょう」
「Bさんの話から〜の意味を考えましょう」
と学びを発展させていくわけです。

このようなやりとり（対話）をつくるためには、用意した質問→用意した回答の1往復ではなく、2往復以上、言葉が交わせるように教師が仕組むことが必要です。

その具体策の一つは、反応する力を鍛えることです。

優れた授業を見て、自分の授業との差を感じるとき、まずは子供たちの反応する力の差だと言ってよいでしょう。反応する力とは、教師の指示や発問に反応する、他の子供の意見や考えに反応する、資料や情報に反応するなどの「返し（リアクション）」をする力」です。外部から何らかの刺激や働きかけがあった場合に、臨機応変にリアクションを返せるように、その「返しをする力」を育てるのです。

問いかけられたら応える、確認されたらうなずく、指示されたら動く、情報を見たら読み取る、何かを感じたら感想を述べるなど、いずれも当たり前のことのように見えて、学級の子供たち全員ということになれば、なかなかできるものではありません。しかし、これこそが肝心なのです。

いつも教師の意図どおりに反応するということではありません。子供たちはどのような状況においても、自発的に動く頭の働きを活性化しておくということです。こうした子供たちの反応する力が高まると、資料を提示しただけで、子供たちは自分の気付いたことを一斉に発言しはじめます。この段階になると、「これは何ですか」などと着目点を小分けにして示したり、「なぜなのか話し合いましょう」などと指示したりする必要はありません。子供は疑問をもち、自発的に発言し、友達の発言につながろうとします。こうした

「反応する力」が、よりよい学級に不可欠な文化を形成し、いつ授業をしても比較的うまくいくようになるのです。

もう一つの具体策は、GTから質問をしてもらうようにすることです。いつも子供たちが質問し、GTが答えるという形では、子供もやりとりしようとする意欲が高まりません。GTから「～と考えるんだけど、みなさんはどうですか?」「私が○○にこだわっている理由が分かりますか?」などと、問いかけてもらうようにします。教師からの問いかけに慣れている子供たちにとって、他の大人からの問いかけは新鮮で刺激的でもあるはずです。

さらに言えば、GTと課題の解決について意見交換するような設定を工夫する方法も具体策の一つになります。ある課題について話し合う中にGTにも入っていただくようにする方法です。子供たちの意見に関係者の立場からの意見を交えて、みんなで考える活動を工夫するのです。もちろん、大人であり関係者であるGTの方が専門的でありかつ妥当な意見をもっていることと思います。しかし、そこに子供なりの着眼点や発想を加えていくことは、決してGTも嫌がりません。なにより、そうした話合いができたことは子供たちにとって大きな自信になるはずです。

④歴史上の人物、先人などとの自己内対話

このほかにも、「対話」を広く捉えれば、目の前にいない先人や歴史上の人物などとの対話、すなわち自己内対話も含まれます。いわば、先人の行いの意図や考えを受け止め自問自答する営みと言ってもよいでしょう。したがって、書く活動が中心になります。

その方法の一つは、ノート指導を工夫することです。

ノートには、主に次のような機能があると考えられます。

○メモとしての事実の記録（見学や取材などで見たこと、聞いたこと、教師が提示した資料から読みとった事実などの記録）
○資料の保存（教師から提供を受けた資料、自分で集めた資料などの貼付）
○分かったことや考えたことの記録（毎時の学習における自分の疑問や予想、分かったことや考えたことの文章表現）
○友だちの発言や考えの記録（参考となる他者の考えを取り入れて、自分の考えを修正したり追加したりしたことの記録）

このうちの三つめ、特に子供が自分の疑問や考えたことをメモする習慣を付けるようにすることです。授業後に書く「学習したことの感想」なども効果があります。大切なことは「私は」という主語で、学んだ対象への思いや考えを表現させるようにすることです。そのことを明確にねらう方法としては、162頁のような吹き出し（ワークシート）などを工夫することが考えられます。吹き出しは、自然な形で学習対象に自分が近づき、その立場になった気持ちで表現するためのツールです。

国語の授業だけでなく、社会科においても吹き出しの活用が効果的な場面があります。なぜなら社会科は「その立場」に近づいて考えることを重視している教科だからです。

⑤説明する力や議論する力を養う

話し合う活動（対話的な活動）については、新学習指導要領でも言語活動の一層の充実の観点から、様々な工夫が求められています。

解説には次のように書かれています。

また、**社会的事象の特色や意味、社会にみられる課題などについて、多角的に考え**

たことや選択・判断したことを論理的に説明したり、立場や根拠を明確にして議論したりするなど言語活動に関わる学習を一層重視することとは、考えたことや選択・判断したことを説明したり、それらを基に議論したりするなど言語活動を一層重視することである。

社会科の学習では、社会的事象について調べたことをまとめるとともに、その特色や意味を考えることが大切である。その際、学年の段階に応じて、生産者と消費者、情報の送り手と受け手など複数の立場から多角的に考えるようにすることが大切である。

また、社会科においては、主権者として求められる資質・能力を育成する観点から、社会に見られる課題を把握して、その解決に向けて、自分たちの行動や生活の仕方や、これからの社会の発展などよりよい社会の在り方などについて考えることも大切である。その際、考えたり選択・判断したりしたことを根拠や理由を明確にして論理的に説明したり、他者の主張を踏まえて議論したりするなど、言語活動の一層の充実を図るようにすることが大切である。

複数の立場から多角的に考えたり、自分たちの行動や生活の仕方やこれからの社会の発展などについて考えたり選択・判断したりしたことについて、

・根拠や理由を明確にして論理的に説明すること
・他者の主張を踏まえて議論すること

が求められています。

新CS

(3) まとめる活動

新学習指導要領では、「まとめる活動」に該当する事項が次のように表現されています。

白地図などにまとめる
年表などにまとめる

図表などにまとめる

また、思考力、判断力、表現力の育成に関わる内容に「文章で記述したり」とあります。

つまり、まとめる活動とは、

調べたこと、分かったこと、考えたことなどを
文章でまとめたり、白地図や年表、図表などにまとめたりする活動

であると言えます。

「何を」まとめるかについては、「調べる活動」と同様に、学習問題、取り扱う内容や取り上げる教材によって様々挙げられるため、書いてもきりがありません。

そこで、ここでは、授業でよくみられる「まとめ方」の例を紹介することにします。

①文章でまとめる～文章でまとめる活動は、思考力や表現力を育てる大事な活動～

文章でのまとめ方には、大きく次の二つが見られます。

ア　学習問題（課題）を振り返って、調べたことや分かったことをまとめる
イ　自分の学習状況を振り返って、考えたこと（感想を含む）をまとめる

単元のまとめでも、本時のまとめでも、ほぼこの二つです。アを学習のまとめ、イを学習の振り返りと呼ぶ場合もあります。

ア　学習問題（課題）を振り返って、調べたことや分かったことをまとめる

学習問題（課題）を振り返る学習活動は、単元あるいは本時の目標に迫る「学習のまとめ」となります。いろいろと出された事実や情報から「つまり何が分かったのか」「めあてをどのように実現したか」を整理する場面です。

「○○はどのように生産されているのだろう」という学習問題（課題）であれば、「○○は～（このようして）生産されています」と、また「なぜ○○が必要なのだろう」という学習問題（課題）であれば「○○が必要なわけは～」などと、学習したことを整理してまとめることになります。

ここで大切なことは、単元の学習のまとめであれば、単元を通して学習してきたことを活用してまとめるということです。例えば、次の図17のようになります。

●学習問題

日本の自動車工場を代表する○○工場では自動車をどのようにして大量に生産しているのだろう

○毎時間の学習課題を調べて分かったこと

①コンピュータ管理やロボットを使ったＩＴ技術で生産している
②人が配置された流れ作業により働く人々の協力で生産している
③地域の中小工場と部品生産を役割分担し，連携して生産している
④働く人が優れた技術を研修などで高めながら生産している
④社会の課題や消費者ニーズなどを見据えて研究して生産している
⑤原料を外国から輸入し製品を輸出するなど世界とつながって生産している

●学習のまとめの例（子供が自分で文章でまとめるため他にも考えられる）

つまり，○○工場では，人やロボットなどが協力した優れた技術を生かした大量生産の仕組みと，中小工場との連携によって，社会や消費者のニーズを踏まえた自動車を大量に生産し，国内や外国に出荷している。

図17

こうしたまとめを複数の子供が自分の文脈で表現します。子供なりの文脈は、具体的な事実に沿ったものが多いため、前頁の①～⑤などが混ぜ合わさった表現になります。

このように考えると、単元の学習のまとめには、それまでの学習内容に関するノート記述などが重要になることが分かります。「資料化」のところで紹介した模造紙などの学習履歴も効果を発揮します。

また当然ながら、このような抽象度の高い文章をはじめから一人の子供が書けるわけではありません。複数の子供の発表と教師の意味づけの「合作」と考えればよいのです。

つまり、始めに子供が自分の力でまとめて文章にしてノートに記述する。それを何人かが発表することを通して、教師が板書などでまとめていけばよいわけです。その際、「技術」「連携・協力」「大量生産」「ニーズに応じる」などの言葉は子供の表現を受けて「それを○○というんだね」などと、「意味ある言葉」として確認していくようにします。社会科で学ぶべき重要な語句は、このような場面で子供の表現と結び付けながら子供自身のものにしていくことが大切です。

これにより単元の「理解」目標が実現するわけです。また、子供がその後の学習で使うようになり、学習が単元の中で深まっていきます。

本時の授業のまとめについても考えてみましょう。次のように板書イメージで考えると分かりやすいと思います。

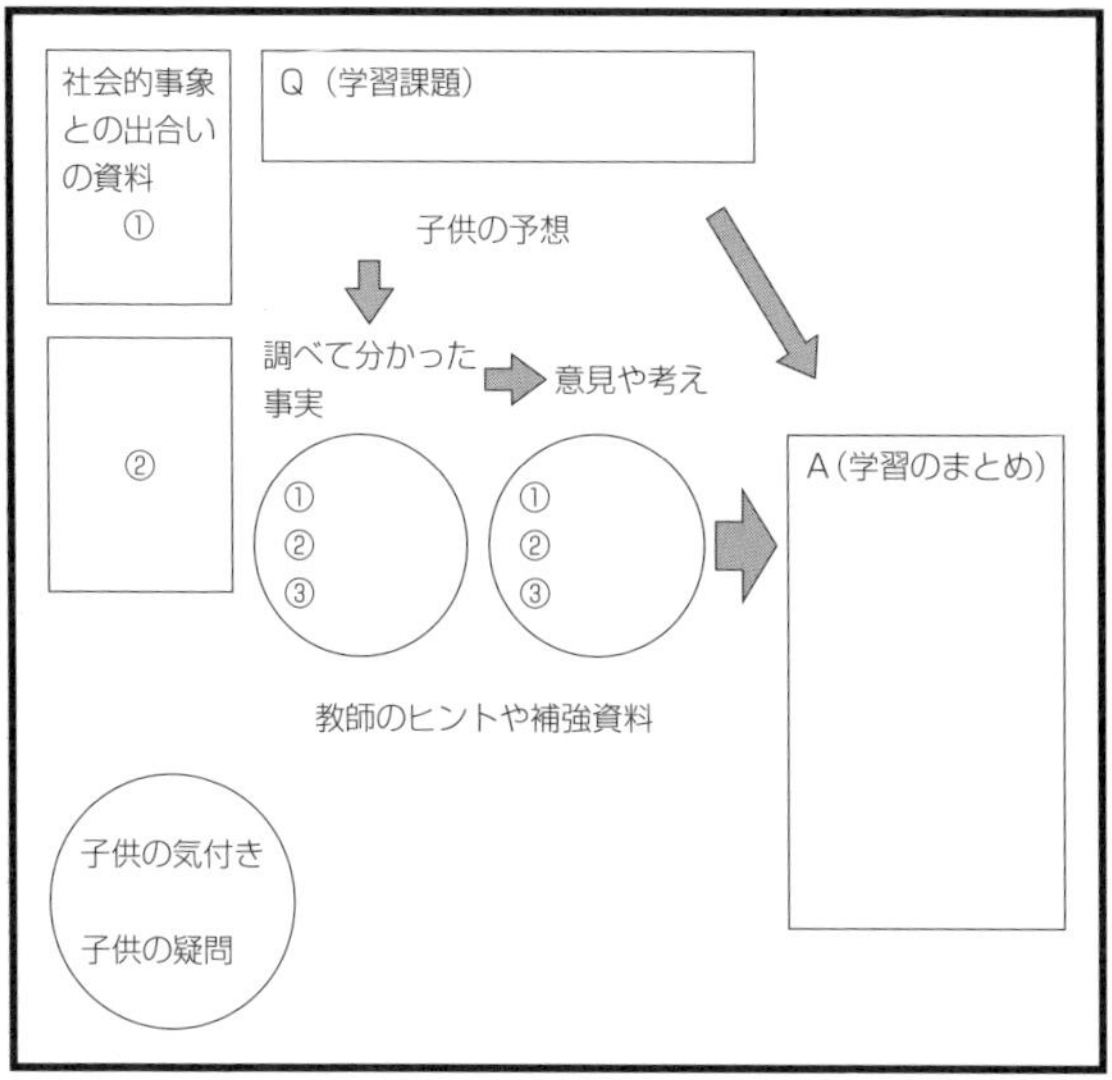

図18

例えば、上記の図18のような板書で学習が進んだとします。その際、黒板に書かれている文や言葉の多くは、子供の予想、具体的な事実（教師が整理したものも含む）、子供なりの考えなどになります。また具体的な事実の根拠となる資料などが貼付されます。

ここで、考えてみるべきことがあります。それらの文や言葉は子供が覚えるべき事柄でしょうか。授業を観ていると、子供たちはよく「先生、それはノートに写すんですか？」と教師に質問します。教師は何と答えるかというと、多くの場合「今は発言してほしいから後で写してね」などと答えます。よく見ると、写している子供とそうでない子供がいます。「後で」は時間が確保されないことも多くあります。

こうしたことを踏まえて考えると、黒板に書かれている言葉や文章、資料など（合わせて「情報」とします）は、子供たちが覚えるべき情報とは考えられていないようです。

確かに、「Aスーパーマーケットではタイムセールを夕方の4時にやっている」「店長の鈴木さんは朝早くから店の前を掃除している」といった事柄は、テストに出されることもないでしょう。

では、こうした情報は何のために黒板に書かれているのでしょうか。

それは、Q「学習課題」に対するA「学習のまとめ」を子供が自分の力でまとめるために使う（ヒント）情報として示されているのではないでしょうか。

ペーパーテストに例えて考えてみると分かります。設問（Q）が示され、ヒントとなる情報が、具体的な事実、互いの予想や考え、資料などと様々示されるわけです。これらを使って、子供が答え（A）を書くことになるはずです。ここで、子供たちは、思考力、判断力や表現力を発揮します。具体的な事実なども、まとめる際の具体例（「例えば～です」）として生かされることになります。

もしも、教師が答え（A）を書いてしまったら、子供が書く前に解答用紙を回収するのと同じで、それらの能力を発揮する場面を奪ってしまうことになるのではないでしょうか。もちろん、子供一人一人の答え（学習のまとめ）は多少異なるものと想定できます。ですから、先述のとおり、互いに力を合わせ、また教師が意味付けをして、結論をまとめればよいわけです。

イ　自分の学習状況を振り返って、考えたこと（感想を含む）をまとめる

本時の学習課題に対するまとめに加えて、学習者である子供が、自分の学びをふり返るまとめ方も見られます。

自分の学びの振り返りは、学習課題への振り返りと異なって、「私は～」と主語が自分になることが多いようです。こうした振り返りに「学習感想」という名称を付けている先生方も見られます。

こうした振り返りは、次のようにいくつかに分類できそうです。

(ア) 今日、学んだこと（自分が一番印象に残ったこと）を振り返る。（内容）
(イ) 授業の始めのころの自分の予想や考えを振り返る。（自分の変容・成長）
(ウ) 調べたり話し合ったりした学習活動を振り返る。（活動）
(エ) 単元の学習問題を振り返る。（継続しているテーマ）
(オ) 社会の在り方や自分の生活の仕方などを振り返る。（自分と社会）

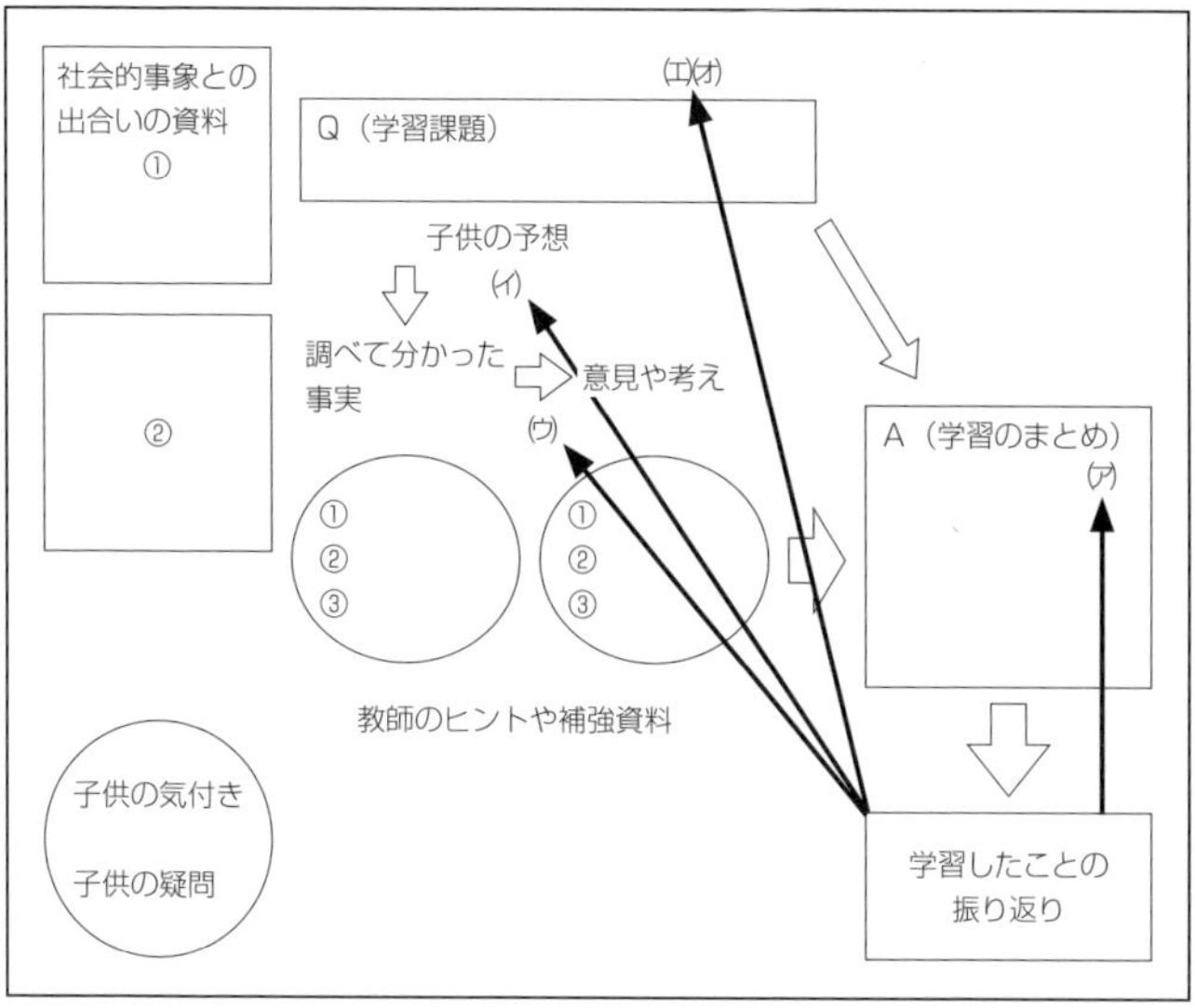

図19

図にすると上記の図19のようになります。(ア)や(イ)は、学習内容への振り返り、(ウ)は、学習活動への振り返り、(エ)や(オ)は、単元の目標や社会科の目標に迫る振り返り、と考えることもできます。

いずれにしても、教師が「～について振り返ってみよう」とか、「～はどうだった？　今の自分の考えを書いてみよう」「～について今日の学習で気付いたことを書いてみよう」などと、働きかけてから振り返るようにすることが大切です。ただ「振り返りなさい」では、子供は何を書いてよいかわからず、学習のまとめと同じような表

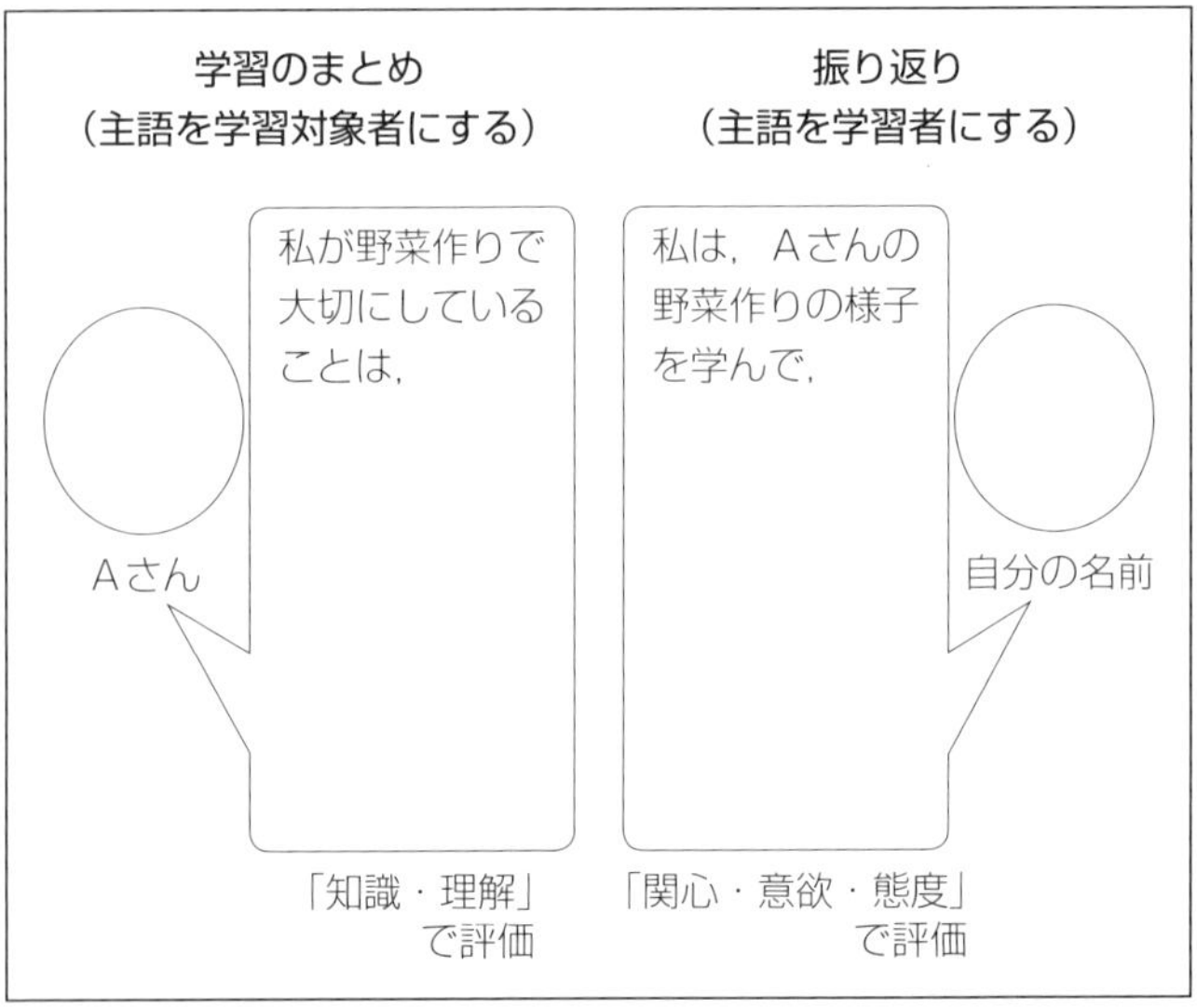

図20

現になります。言葉による働きかけだけでなく、150頁でも述べたようにワークシートを活用する方法も考えられます。例えば上の図20のようなものです。

そして、子供に書かせた文章の中から優れたものを次の授業時間の始めに紹介するなどして、どのように振り返ればよいかを徐々に周知していくことが大切です。こうした経験をたくさん積んでいけば、教師の「振り返りを書こう」という声一つでも、子供がノートに自分で(ア)〜(オ)などを選択して振り返るようになることでしょう。

また、1単位時間が45分であること

を考えると、振り返りの時間に多くの時間をとったり毎時間設定したりすることは現実的ではないかもしれません。

子供の振り返りの反応を「関心・意欲・態度」や「主体的に学習に取り組む態度」などの観点で評価すると考えれば、単元の始めや終わりに設定したり、見学活動や討論などを行った際に設定したりするなど、単元の中でいくつかの場面に絞って設定することが現実的かもしれません。もちろん、子供の変容や成長を見極めるために毎時間設定するという選択もあろうかと思います。その場合には、短時間で書けるようにトレーニングすることが必要になります。

②キーワードでまとめる

同じく言葉によるまとめ方ですが、キーワードでまとめる方法も見られます。単元のまとめより、本時のまとめで多くみられます。

キーワードでのまとめは、学習したことの中から、学習課題に対する答えとして一番重要な言葉を選んで表現する活動になります。例えば、「Aさんは野菜づくりでどのような工夫をしているのだろう」という学習課題に対して、子供たちは「環境を生かす」「消費者を思う」「栄養を蓄える」などと表現します。キーワードと言っても「環境」「消費者」「栄養」といった単語のみでは答えになりません。「学習課題に対する自分なりの結論を一言で説明する」と考えた方がよいでしょう。

その際、自分が決めたキーワードに文章による説明を加えることが必要です。子供は感覚的に結論をまとめがちです。説明を伴うようにすることで、根拠や理由を添えて話すようになり論理的な思考を養うことができます。また、結論を先に述べ、そのあとで理由を説明するという話型を身に付け、それが討論や話合いの時に生かされるようになります。

ただし、留意点もあります。キーワードを先に作らない方がよいという点です。先述のように、子供は「人にやさしい」「環境によい」など感覚的に言葉を選びがちです。したがって、説明する文章から先に書くとよいのです。「Aさんは、~や~などをしていて、~にとても努力しています。私はなぜこんなに大変なのに~をしているのかと感心してしまいます。」などと自分なりの結論を文章で表現してみます。その文章を自分で読み返して、キーワードを見付けだすのです。この方が、キーワードが皆似通ってしまったりありきたりの言葉になってしまったりすることが少なくなり、その子らしいキーワードで表現されることが多くなります。

③白地図にまとめる
～白地図や年表，図表などにまとめる活動は「技能」を身に付け「思考」や「理解」につなげる～

白地図にまとめる活動は，「地理的環境と人々の生活」に関する内容だけでなく，「現代社会の仕組みや働きと人々の生活」に関する内容においても，多くみられます。例えば，学校の周りにある消火施設・設備の種類と位置をまとめる，飲料水が送られて来る経路をまとめる，農業や工業における生産物の種類や生産額などをまとめる，などです。

白地図の範囲も，学区域，市（区，町，村），県（都，道，府），日本（47都道府県），世界など，様々考えられます。

まとめる内容としても，

・土地の高低や土地利用の様子などを色分けする
・国や都市の名称などを書き込む
・複数の場所を矢印で結び，つながりの説明を書き込む
・複数の場所に印をつけたりシールを貼ったりして分布や広がりをまとめる
・調べたこと（事象）をカードなどにまとめて，その事象の場所に貼付する
・写真や吹き出しなどを貼付する

・イラストを書き込む

など、これも様々考えられます。

白地図にまとめる際に大切なことは、方位記号を書き、方位や位置関係などを確かめるようにすること、市や県などの地図であれば主な地図記号を入れ込むこと、自分たちの学校や市などの位置に印をつけるようにすることなどです。

また、教科用図書「地図」、いわゆる地図帳を横において確かめながらまとめるなど、社会科らしいまとめになるように工夫することが大切です。

現在では、インターネット上に様々な地図や白地図があるので、それらを上手に活用するとよいでしょう。

④年表にまとめる

年表にまとめる活動は、主に「歴史と人々の生活」に関する内容において見られます。例えば、市の様子の移り変わりをまとめる、文化財や行事が受け継がれてきた経緯をまとめる、先人が地域に残した業績の足跡をまとめる、我が国の歴史上の主な事象をまとめるというものです。もちろん、それだけなく、工業製品の改良の様子や農業技術の向上の様子、産業が情報化して発展する様子などをまとめることも考えられます。

年表にまとめる際には、一般的には、横軸に年代や時期などを記し、年代や時期などに沿って、調べた事柄を並べていくようにします。できれば時間の経過と年表の尺が一致していた方がよいですが、黒板の長さにも限りがあるので、尺を調整する場合には、そのことを子供に説明した方がよいでしょう。10年前後しか生きていない子供たちにとっては、時間の長さへの意識はもちづらいものだからです。教師が「たった30年」などと言っても、子供にとっては人生の3倍近い長さです。年表にまとめる際には、それがいつ頃のできごとであったか」に加えて「間にどれくらいの時間経過があったか」についても確かめることが大切です。

新学習指導要領では、第3学年の内容(4)「市の様子の移り変わり」の内容の取扱いに「時期の区分について、昭和、平成など元号を用いた言い表し方などがあることを取り上げること」と示されています。「おじいさんの子供のころ」「ひいおじいさんの〜」などと表現することには限界があり、時期区分を使うこともこれからの基礎的な技能として身に付けさせていくことが必要になっています。

⑤図表などにまとめる

新学習指導要領では、各学年の内容において「図表などにまとめる」ことが示されています。図表などとは、グラフ、表、ベン図、関係図など様々な情報整理のためのツールを表す言葉です。最近では、各学校の校内研究などでも「思考ツール」という名称で、様々な目的をもった図が紹介されています。

思考ツールを活用することのよさは、子供たちが着目した情報（事実）や思考のプロセスの「見える化」が図れることや、学級のみんなが共通の土俵に乗って考えたり話し合ったりできるようになる点でしょう。どうまとめたらよいか分からない子供への手助けにもなることと思います。

しかし、留意すべき点もあります。社会科では、図表などにまとめる活動を「社会的事象について調べまとめる技能」を身に付ける活動としている点です。

図表などにまとめる目的は、社会的事象に関する情報を整理してまとめることです。図表などにまとめること自体が目的ではありません。図表などにまとめることで、それまで見えなかったもの（相互関係、特色など）が見えるようになる、情報が整理され「つまり」などと概念的な知識を獲得できる、自分の考えがはっきりしてくるなど、思考や理解につながるからであり、あくまでもツールとして使いこなすことが大切になります。

グラフや表は、基礎的な資料を作成するという目的があり、まとめてみてからその特色や意味を考える活動につながりますから、それはそれでよいのですが、ベン図や関係図などの思考ツールにまとめる際には、「〜にまとめよう」という活動の促しだけでなく、「AとBにはどんな違い（共通点）があるのだろう」「A、B、Cはどんな（協力）関係と言えるだろう」「〇〇さんたちが一番大切にしていることは何だろう」「つまり何を目指しているといえるのだろう」などと、問いが示されることが大切になります。つまり「問題解決のためにツールを使う」という構造を子供にも意識できるようにするのです。そのようにすれば、活動が目的化することを防ぐことができます。

問題解決のためのツールとして捉えるならば、最終的には子供が自分で「どんなツールを使うか」を選択できるようにすることが大切だということも分かると思います。「〜にまとめよう」だけでは、「なぜそれをしなくてはいけないの？」という子供の心内語が実は発せられているということに気付くことが大切です。そのことに気付かないと、教師の一方的な指示だけで進める活動、子供が主体的でない活動に終始してしまいます。

⑥その他のまとめ方～まとめる活動では、子供が目的や必然性を意識できるようにする～

そのほかにも、新聞、リーフレット、ガイドブック、カルタ、双六、○○カードなど、様々なまとめ方が考えられます。いずれにしても大切なことは、「なぜその方法でまとめるのか」という目的や必然性を子供が感じられるようにすることです。新聞はニュースとして新しい情報を知らせること、ガイドブックは外部の人を案内すること、カルタは文化のよさを味わい、双六はつながりを整理する、○○カードは情報交換する、など「始めにまとめ方ありき」にならないよう工夫しましょう。

目的を明確にして、子供が必然性を感じるようにし、「なぜその方法でまとめるのか」が分かれば、「どのようにまとめたらよいか」を考えることができるようになるはずです。まとめ方を子供たちに考えさせるようにすることも一つの工夫です。

6

子供の学習状況を評価する計画を考える

評価は難しい、面倒だと考えられがちです。「何を」材料にして「どのような規準で」評価すればよいかが分かりづらいからです。

ここでは、いわゆる学習評価の考え方を解説して、実際に学習評価を進める際のポイントについて説明します。

(1) 学習評価の考え方

①学習評価の目的は

まず始めに考えるべきことは、評価は「何のためにするか」ということ、いわゆる評価の目的です。評価の目的には大きくは次の二つがあります。

ア　子供の学力を高めるための「指導に生かす」

子供のその時点での学習状況を捉えて、その後の指導に生かす、授業改善に生かし、そのことを通して一人一人の子供の学力を高めるという目的です。だから観点別にして分析的に子供の学力を見取るのようにするのです。

このことは、学校全体として捉えれば、子供たちの評価結果を学校の教育課程や指導方針の改善に生かすということにもつながります。今求められているカリキュラム・マネジメントの基本です。

イ　指導した結果を学習成果として「記録に残す」

子供が学年末等にどの程度の学力が身に付いたかを学習成果として記録するという目的です。法律で定められている表簿である「児童（生徒）指導要録」や、各学校で作成している「通知表」等に記載するために評価資料を集めることになります。評価結果を指導に生かすことを基本としても、その内容に関する学習が終わってしまう、学期が終わってしまう、学年が終わってしまうなど、実際の授業を考えると「節目」があります。ずっと生かし続けることは時間的にも物理的にもできません。したがって、記録に残すための評価資料（材料）を収集する必要があります。その際に、大切なのは「指導した結果としての評価資料」を収集するということです。指導していないことを評価するのではないということを確認しましょう。

②目標に準拠した評価とは

現在は、目標に準拠した評価を観点別学習状況評価によって行うよう文部科学省から通知が出されています。目標に準拠した評価の「目標」とは、学習指導要領に定める目標で、それに準拠して行う評価のことです。実際に子供の学習状況を評価する際には、学習指導要領に定める目標や内容を踏まえた単元の目標となります。「学級又は学年における位置付けを評価する」相対評価と区別するために「絶対評価」と呼ばれることもあります。

現在は、各教科においての学習状況を分析的に捉える「観点別学習状況の評価」と総括的に捉える「評定」とを併せて「目標に準拠した評価」と言います（平成13年度までは評定については相対評価で行っていました）。

③観点別学習状況評価とは

観点別学習状況評価とは、目標に準拠した評価を確実に行うために、子供に育つ学力を分析的に見る観点を決めて行う評価のことです。平成4年度から「関心・意欲・態度」「思考・判断」「技能・表現」「知識・理解」の4観点をまず各教科共通の基本形とした上で、各教科の目標構造や教科特性を踏まえて修正を加えています。

したがって、新学習指導要領の基で行う評価は、次頁の図21に示したように、資質・能力の三つの柱に沿って設計されることが考えられます（この原稿を執筆している時点ではまだ明らかにされていません）。いずれにしても目標の実現状況を評価するにふさわしい分析の視点であると考えられたものが例示されることになります。

学習評価の改善に関する今後の検討の方向性

各教科等の評価の観点のイメージ（案）

観点（例） ※具体的な観点の書きぶりは、各教科等の特質を踏まえて検討	知識・技能	思考・判断・表現	主体的に学習に取り組む態度
各観点の趣旨のイメージ（例） ※具体的な記述については、各教科等の特質を踏まえて検討	（例） ○○を理解している／○○の知識を身に付けている ○○することができる／○○の技能を身に付けている	（例） 各教科等の特質に応じ育まれる見方や考え方を用いて探究することを通じて、考えたり判断したり表現したりしている	（例） 主体的に知識・技能を身に付けたり、思考・判断・表現をしようとしたりしている

（出典）平成28年3月14日 総則・評価特別部会

図21

また、目標に照らしてその実現状況を記録する際には、集めた評価資料を基に観点別に総括し、「十分満足できる」状況と判断されるものをA、「おおむね満足できる」状況と判断されるものをB、「努力を要する」と判断されるものをCと判断する方法がとられています。

④評定とは

観点別に評価した結果を基本的な要素として、各教科の目標に照らして、その実現状況を総括的に評価するのが「評定」です。この段階でも「十分満足できる」状況と判断されるものを3、「おおむね満足できる」状況と判断されるものを2、「努力を要する」と判断されるものを1のように区別する方法がとられています。観点別に評価した結果（A、B、C）をどういう計算等を通して評定（3、2、1）に導くか、その方法については各学校が定めることになっています。多くの小学校では、この作業は年度末の指導要録に記載する際に行うことが多いようです。

(2) 実際に学習評価を進める際のポイント

では、実際に学習評価を進める際には、どのようなことを考えて進めていけばよいのでしょうか。方策例を二つ挙げてみます。

①単元を通して計画的に行うこと

例えば、次頁の図22のような考え方です。目標を踏まえて観点別に評価規準を用意しておいて、それをバランスよく指導計画に位置付ける方法です。教師は評価者である前に指導者です。1時間の中でずっと子供の観察・評価ばかりしているわけにはいきません。1時間ごとの目標を明確にして、それに即した評価の観点を絞り込んで評価規準を基に具体的な子供の姿（表現内容など）を材料にして評価します。

その際、あらかじめ考えた評価規準とにらめっこをしていても、実際の評価はできません。なぜなら評価規準は目標に近い表現で書くからです。ではどうすればよいか、評価規準を基にして、図23のように子供の姿を想定しておくことです。

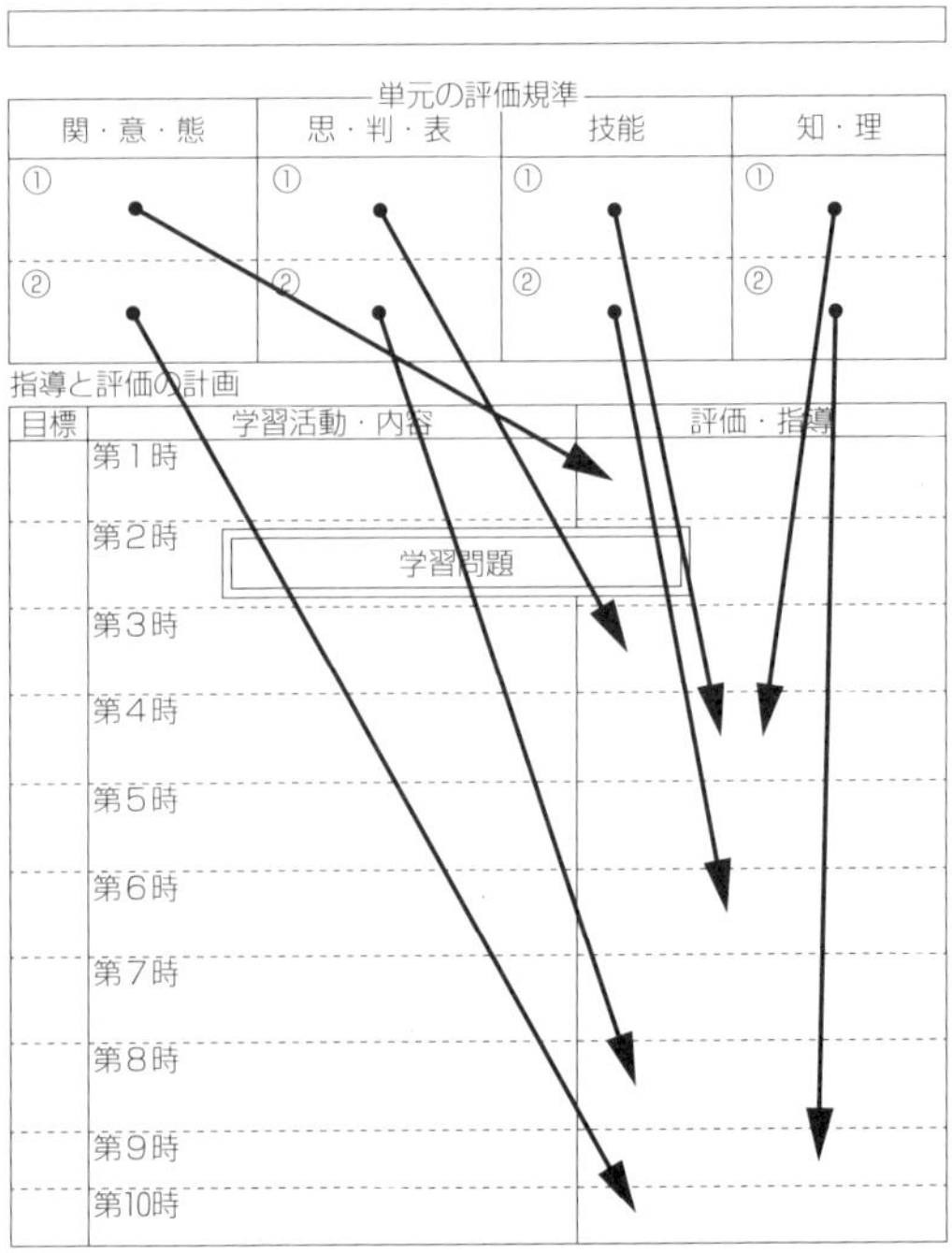

図22

こんな風に書いてくれればいいな、たぶんAさんはこう表現するな、こう表現したらそれは概ねOKかな、Bさんにはヒントが必要かな、などと実際の子供の表現をできるが限り予想（期待）することです。評価規準はストライクゾーンのようなもので、やや抽象的な言葉になりがちです。ですから、外角低めのボール、内角高めのボールなども受け取れるように考えておくことが必要になります。そうでなければ、ボール球も判定できませんし、子供が表現した（書いた）ものを見てから、思い付きのような評価をすることになってしまいます。

②Q&Aで意図的に取りに行くこと

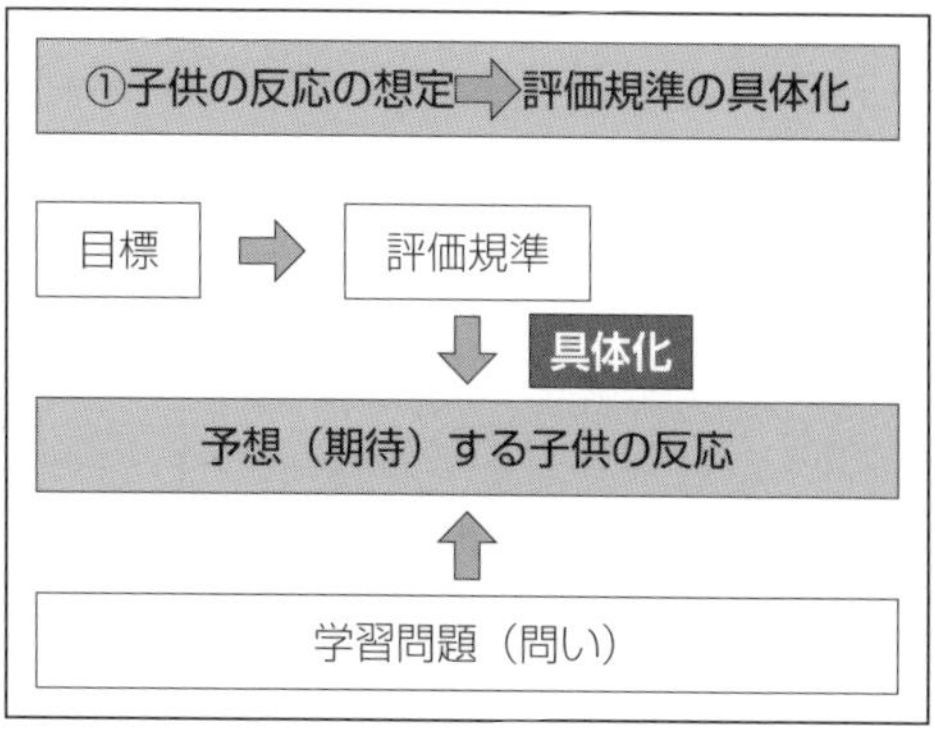

図23

子供の頭の中は、観点別に分けられているわけではありません。学習評価はあくまでも教師が目標を分析的に捉え直すもので、いわば指導技術の一つです。

子供は「理解を表現しよう」「思考を表現しよう」「関心と意欲を表現しよう」などと考えて書くわけではありません。あくまでも、教師の問いかけや指示に基づいて書いているだけです。ですから、子供が偶然書いたものを、後から見て、観点は何かと読み取ろうとしても実は難しいのです。

そのため、教師は、意図的に問いかけて書かせるようにすることが必要になります。

ペーパーテストを考えてみれば分かるでしょう。設問があるから解答を書くわけです。知識を評価したければ、「○○とは何ですか、説明しましょう」と、思考・判断を評価したければ「○○と△△はどんな関係と言えるか、あなたの考えを書きましょう」「〜では何が一番大切か決めてその理由を書きましょう」などと、問いかけて（Q）、それに対応した答え（A）を書かせるようにすればよいのです。

また、ワークシートなどを工夫する方法もあります。例えば、図24のような仕掛けで意図的に「思考」の状況を記述させる研究があります。今後もいろいろと研究していくことが大切です。

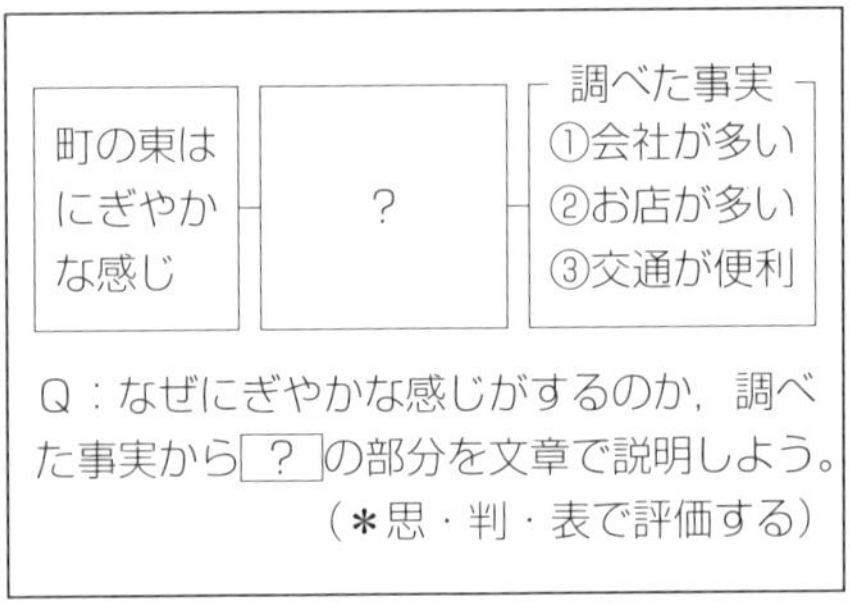
町の東はにぎやかな感じ
?
調べた事実
①会社が多い
②お店が多い
③交通が便利
Q：なぜにぎやかな感じがするのか，調べた事実から ? の部分を文章で説明しよう。
（＊思・判・表で評価する）

理解に至る過程として「思考」をみる

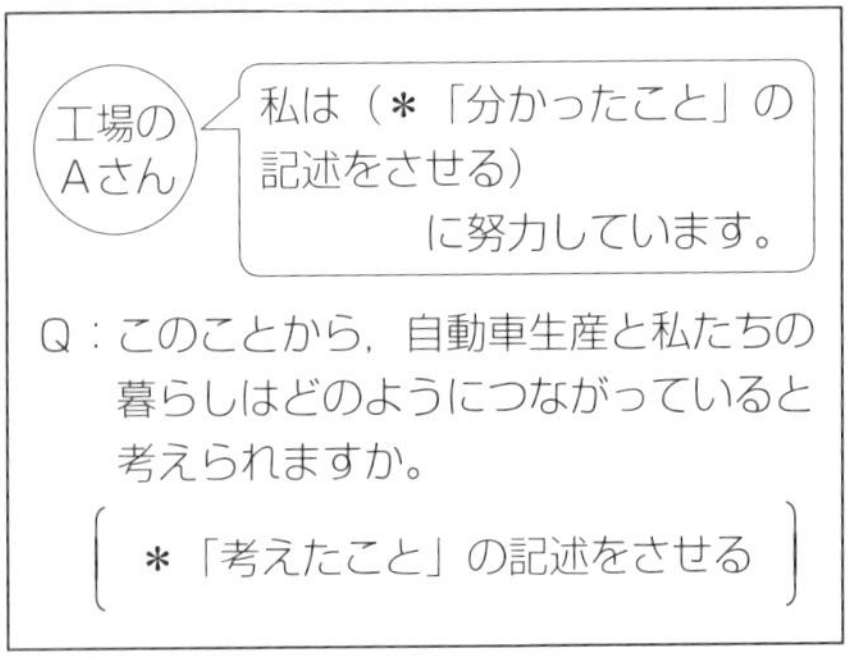
工場のAさん
私は（＊「分かったこと」の記述をさせる）に努力しています。
Q：このことから，自動車生産と私たちの暮らしはどのようにつながっていると考えられますか。
＊「考えたこと」の記述をさせる

理解したことを基にした「思考」をみる

図24

現在、実践が広がりつつある「思考ツール」（ベン図、チャート図、ピラミッド図など）も、思考のプロセスや獲得した知識の階層が見えるようになるという意味から、評価資料を集めるための効果的な方法とも捉えることができます。

第3章

新内容の授業づくりのポイント

CHAPTER 3

1

第3学年

新学習指導要領では、各学年の内容に新しい視点が加わったり内容の構成や内容自体が変わったりしています。

そこで本章では、学年ごとにそれらの代表的な内容を二つずつ取り上げて、授業づくりのポイントを紹介します。個々の先生方が自分で授業を考える際にはもちろんですが、各自治体で副読本などの教材を作る際にも参考にしてください。

まずは、第3学年の内容から紹介します。

(1) 内容(1)「身近な地域や市区町村の様子」

①「市役所など主な公共施設の場所と働き」に着目させる

「市役所など」が明記されました。各学年で政治の働きへの関心を重視していることによります。しかし、「〇〇部では、〇〇課では」などと市役所の仕事を細かく調べることを求めているわけではなく、「多くの公共施設は市役所により運営されていることや、災害時における避難所は市役所において指定されていること」など市役所の働きを大まかに理解させればよいのです。

②「自分たちの市」に重点を置いて指導する

身近な地域の見学や調査活動を省略するのではありません。3年生の子供たちにとって具体的な調査活動は大切です。しかし、生活科の学習との違いを明確にする必要もあります。社会科では、地域の事象を地図上に整理して空間的に捉え、自然条件や社会条件との関連を考えるようにすることが大切です。身近な地域では、駅前、住宅街、工場や田畑の広がっている場所など特徴的な場所に絞って見学に行き、自然条件や社会条件との関連を見出して、その学びを市全体を見るときに使えるようにすることが大切です。地域の見学に終始せず、そうした見通しをもって単元を構成する必要があります。

③地図帳の活用をスタートする

これまで4年生から配布していた地図帳（「教科用図書地図」）を3年生から配布することになりました。子供たちは少なからず地図には興味をもっています。3年生の始めの単元で、自分たちの市の県内における位置や、方位・地図記号などを調べたりする際に地図帳を使うようにすることが大切です。地名から場所を探す方法などもここで教えておくと、外国語活動の授業などを含め、いろいろな場面で子供たちが自分で開いて使うようになることでしょう。

(2) 内容(4)「市の様子の移り変わり」

①「時期による違い」に着目させる

内容(1)が地域を空間的に捉える内容とするならば、こちらは地域を時間的に捉える内容になります。これまで「昔の道具とそれを使っていたころの暮らしの様子」から変更された内容です。道具の学習だけでは見えない「地域の歴史」を扱うようになったわけです。

ここでは、ア「交通」、イ「公共施設」、ウ「土地利用」、エ「人口」、オ「生活の道具」

などの時期による違いに着目して調べるようにします。ア・イ・ウは内容(1)の学習でまとめた白地図を使うようにするとよいでしょう。「今の様子に至るまでにどんな変化があったか」などと、交通（鉄道や高速道路など）が整備された時期、公共施設の建設が始まったり集中したりした時期、住宅団地群や工業団地群ができて土地利用の様子が大きく変わった時期などを調べるようにします。その際、元号などを使って年表の骨格を作るとよいでしょう。そこに人口の変化や人々の暮らしにかかわる道具の変化を重ねるようにする方法などが考えられます。

②市の様子や人々の生活の様子の変化を考えるよう指導する

ア～オのそれぞれが大きく変わった時期はバラバラかもしれません。「明治時代は、昭和時代は、」などとまとめるわけではないのでそれでよいのです。しかし、交通が整備されて団地群ができ人口が増えたとか、土地利用の様子が変わって生活の道具も変わったとか、少なからず関連付けられるものはあるはずです。そして、調べたことを位置付けられた大きな年表を見ながら、「どのように変わったといえますか」などと問いかけてみてはどうでしょう。子供たちは「交通が便利になって駅前が発展した」「農地が少なくなって団地が多くなり、暮らしの道具が変わった」などと様々な着眼点、関連付けで「変化の様子」を表現することでしょう。教師は、それらを「まちの様子の変化だね」「人々の生活の様子の変化だね」などと整理していきます。発達の段階から考えると、それ以上のことを求めると3年生の子供には難しくなってしまいます。

③これからの市の発展を考えるよう指導する

最後に市役所の発行する資料などを易しい言葉に直したり、学習したことと関連付けて内容やポイントを絞ったりして配り、これからどんな市を目指しているのかを知り、みんなでよりよい市の未来について話し合えるとよいです。多くの市では人口が減り始めています。しかし、よりよいまちづくりは人口以外の観点からもいろいろと考えられるはずです。子供たちが未来の市の発展に希望をもって単元の学習を終えられるようにするとよいです。

第4学年

(1) 内容(3)「自然災害から人々を守る活動」

①人々の活動(対処や備え)を中心に扱う

この内容は「県内の自然災害」を取り上げるもので、これまで「火災」を取り上げることの多かった安全な暮らしに関わる内容において選択肢として示されていた自然災害を独立させたものです。5年生の内容には「国土の自然災害」がありますから、この4年生の内容は安全教育に位置付くものと捉え、5年生の国土理解に位置付く「国土の自然災害」とは区別する必要があります。したがって、授業の中で扱う内容の中心は「地域や関係機関の人々の活動」になります。その活動は、「過去に県内で発生した自然災害への対処」と「これから想定される自然災害への備え」の二つです。すなわち過去の取組と未来への取組で構成します。

②県庁や市役所など地方公共団体の政治の働きを取り上げる

この内容は「政治の働きへの関心を高める」内容でもあり、県庁や市役所などの安全保障の働きについて、自衛隊など国の機関との連携を含めて学びます。過去の自然災害に対しどのような対処をしたか（昔のこと）と、防災情報の発信や避難体制の確保など、どんな対策を講じているか（未来に向けたこと）を調べます。自衛隊が過去に出動した記録が見つからない場合には、未来への備えとして出動を依頼できる協力関係にあることを調べればよいのです。

③県内で過去に発生した自然災害を取り上げる

取り上げる災害としては、地震災害、津波災害、風水害、火山災害、雪害などが例示されていますが、地震災害以外は、県内の自然条件（気候や地形）との関連で過去に何度か発生したものを取り上げます。様々な自然災害については5年生で扱いますので、ここでは県内で過去に発生した自然災害を一つ程度に絞って取り上げるとよいでしょう。あまり大きな自然災害が発生した印象がない地域でも江戸時代くらいまで遡ると発生していたというケースも多く見られます。地震災害については、県を越える広範囲の災害になりますが、県内における過去の被害状況を取り上げればよいのです。また「地象」といって地面の下のプレートや活断層などとの関連を調べることも考えられます。

④共助や自助について考えるよう指導する

また、単元の終末などに、日頃から必要な備えをするなど、自分たちにできることを考えたり選択・判断したりできるよう指導することも大切です。安全教育に位置付くゆえんです。共助、自助などの言葉を使って指導する方法も考えられます。これらの学習は5年生の内容ではあまり想定はされていません。

(2) 内容(5)「国際交流に取り組んでいる地域」

①県内の特色ある地域の一つとして自分たちの市以外の地域を取り上げる

これまでもあった「県内の特色ある地域」の学習に「国際交流に取り組んでいる地域」

が加わりました。正確には、これまで姉妹都市交流などを取り上げていた「人々の生活や産業と外国とのかかわり」を「県内の特色ある地域」に移行したことになります。

「県内の特色ある地域」では、①地場産業が盛んな地域、②地域の資源（伝統文化または自然環境を選択）を保護・活用している地域をこれまでも取り上げていましたから、三つ目の地域となります。取り上げる地域については、自分たちの住む市とは様子の異なる地域を取り上げて、自分たちの市と比較してその地域の特色を考えることが大切です。最終的に県内には様々な地域があり、それぞれの地域で地元の産業やまちづくりのために人々が活躍していることを白地図などに整理して学べればよいのです。

②活動の歴史的背景、人々の協力関係に着目させる

この内容では、ア「その地域の県内における位置」はもとより、イ「国際交流活動の歴史的背景」やウ「人々の協力関係」に着目して調べるようにします。イについては、その交流活動はいつ頃どのようなきっかけで始まったのか、ウについては、行政や地域住民、NPOや民間企業のどのような立場の人々がどのように役割を果たし連携・協力しているかを調べればよいのです。もちろんそんなに様々な立場の人々が関わっていない場合も考

えられます。

③地域の情報を収集して準備する

また、有名な国際交流活動を進めている地域があまりない県もあることでしょう。その場合には県庁などに問い合わせてこれから交流を進めようとしている市や地域などを紹介してもらう方法があります。姉妹都市交流なら多くの市で結んでいます。その中で交流の内容が興味深いものを選ぶとよいと思います。県を代表するような大きな交流活動を進めている地域でなくても構わないのです。自分たちの市と様子が異なるその地域の特色を見いだせればよいのですから。市によっては国際都市宣言などをしているところもありますから、インターネットなどでそうした情報を調べる方法もあるでしょう。地域が決まったら、その地域の関係者を訪問したり取材したりして、資料や情報を収集することが必要です。

3

第5学年

(1) 内容 (3) 「貿易や運輸の役割」

①我が国の貿易や運輸の全体像を大まかに捉えるよう指導する

この内容は、「我が国の工業生産」を構成する内容の一つです。これまでは、「工業生産に従事している人々の工夫や努力、工業生産を支える貿易や運輸などの働き」として、例えば「自動車工場の仕事」などと一緒にして自動車の原材料の輸入や輸送、出荷の際の輸送などとして取り上げることが多かった内容ですが、それが独立して示されたわけです。したがって、特定の工業製品の輸出入や輸送だけでなく、我が国の貿易全体の概要を調べたり、貿易や運輸のための様々な交通網や輸送手段、輸送の際の工夫や努力などを調べたりすることが大切です。

②海運の重要性に着目させる

四面が海に囲まれた我が国の貿易には、海運が欠かせません。現在、貿易における99・7%の輸送を海運に頼っています。港の様子や世界との航路のつながりなどを取り上げながら海運の重要性に着目させるよう指導することは我が国の工業生産の特色を学ぶ上でも大切です。最終的には、貿易や運輸が我が国の工業生産を支える重要な役割を果たしていることを理解できるよう指導します。

(2) 内容(4)「情報を活用して発展する産業」

①第三次産業の学習として扱う

この内容は、「我が国の産業と情報との関わり」を構成する内容の一つです。これまでは「情報ネットワーク」を事例にして「社会の情報化と国民生活との関わり」を学んできましたが、新学習指導要領では、第三次産業を取り上げる「産業学習」として再整理されました。

取り上げる産業の例としては、販売、運輸、観光、医療、福祉などに関わる産業が挙げられています。いずれにしても、主役は情報ではなく産業です。

②教材は実社会の変化とともにつくられる

この内容の教材は、実社会の変化とともにあります。新たな教材がどんどん生まれるといってもよいでしょう。例えば、「販売」ではコンビニエンスストアの情報活用や本などのインターネット販売などが、「運輸」では宅配便の情報活用、倉庫業との連携などが、「観光」では地域情報を積極的に発信する観光協会や顧客情報を活用して地域と連携する旅行会社などが、「福祉」では端末などで情報を共有し介護サービスを向上させている事業者、介護ロボットの開発を行う事業者などが、「医療」では遠隔地間で情報を共有するサービスを提供する事業者やそれを活用する病院、手術用の精密ロボットを開発する事業者などが、それぞれ考えられますが、それらは現時点のものであり、今後の目覚ましい技術開発によって新しい教材がたくさん生まれてくることと思います。先生方の情報収集のアンテナに大いに期待しています。

③ビッグデータ、IoT、AIがうっすらと見えるように

いずれにしてもこの内容では、大量の情報（ビッグデータ）を、様々な情報通信技術を駆使して（IoT）、積極的に活用し（AI）、産業が発展している様子に子供が気付くようにすることが大切です。ただし、これらの全てについて、ビッグデータなどの言葉を使って教える必要はないですし、詳しい情報活用の仕組みは難しいものが多いので5年生にどの程度までなら分かるかをよく考えて教材化する必要があります。教材研究したことの全てを子供に伝えるのではなく、効果的なものを切り取って子供に見せるのです。その際、先の三つのどれかがうっすらと見えるようにすればよいわけです。

教材化する際には、教師が情報活用の仕組みを一度図解してみて、子供に何がどのように分かるかを考えてみるとよいです。

また、人間が登場しないと見えづらいのが社会的事象です。それぞれの産業を取り上げる際には、関係者から話を聞いたり子供が質問したりする活動などを取り入れることも大切です。

4

第6学年

(1) 内容(1)「日本国憲法と政治や暮らし」

①日本国憲法と国会等の仕組みを関連付けて指導する

この内容は、「我が国の政治の働き」を構成する内容の一つです。これまで「身近な政治の働き」の学習とつなげて指導されることの多かった「国会、内閣、裁判所などの政治の仕組み」を日本国憲法の内容と関連付けて指導するように変更されました。

身近な政治の働きでは、市役所の働きなどが中心になるため、国会等の仕組みがどうしても「取って付けた」ような位置付けになってしまっていたことの改善策です。関連付けてと言っても、あまり難しく考えずに順番に取り上げればよいわけで、国民主権と国会の役割、基本的人権の尊重と裁判所の役割など教師がつながりに触れて展開すればよいと考えたらどうでしょう。もちろん順序を逆にして、「国会、内閣、裁判所などの政治の仕組み」→「日本国憲法の基本的な考え方」も考えられます。

②事例を取り上げて指導する

この内容は、これまでは内容(2)として、内容(1)「我が国の歴史上の主な事象」(いわゆる歴史学習)の後に位置付いていました。新学習指導要領では、子供が政治の働きに関心を高めるようにすることや主権者教育を重視することから、内容(1)すなわちトップバッターに位置付きました(ただし厳密に言うと学習指導要領の括弧番号は指導の順序を規定しているものではありません)。そのため、新学習指導要領の下では、これまで歴史学習の縄文土器や稲作の始まりを学習していた時期に日本国憲法の学習をするわけです。当然ながら、子供の抵抗感が高まることも予想されます。その課題の解決策としては、基本的人権の尊重や国民主権など、日本国憲法の基本的な考え方のいずれかに焦点化して、それを実現している、あるいは実現しようとしている事例を取り上げるなど、具体的な事項から単元に入ることが大切です。

その課題が解決すれば、憲法の下に政治があるという政治の原則や、憲法の考え方は国民の暮らしを支えているということが理解できるよい単元展開となることでしょう。

③国民としての政治への関わり方を考えるよう指導する

単元の終末には、「国民としての政治への関わり方について多角的に考えて、自分の考えをまとめることができるよう」に指導します。これは、第6学年の学年目標にある「我が国の将来を担う国民としての自覚」を養うことに直接かかわる事項です。

例えば、国会、内閣、裁判所を三角形につなぎ、真ん中に国民を入れた図にまとめます。その際、国民から、三権それぞれに矢印を伸ばし、そこにどんな言葉を入れたらよいかを考えさせます。子供たちは「選挙で代表者をしっかり選ぶ」「裁判員制度に参加する」「納税をして政策が実施させるのを支える」などと、選挙民、納税者、国民などと様々な立場から政治への関わり方について多角的に考えるようになることでしょう。「投票率が低いと何が問題なのか」「裁判員制度はなぜ必要だったのか」「税金は国民にとってどのようなものか」などと、国民として政治に関わることの意味を考えさせるようにする方法もあります。

(2) 内容(3)「世界の人々の生活と国際交流の役割」

歴史学習については、46～52頁で説明しているので、ここでは国際交流に関わる内容についてポイントを紹介します。

①調べたことを交流し多様性に気付くよう指導する

この内容は、「グローバル化する世界と日本役割」を構成する内容の一つです。これまでも、我が国と経済や文化などの面でつながりの深い国の人々の生活を取り上げて学習してきた内容です。大きく変わったわけではありませんが、ここに「国際交流の役割」が加わりました。正確には、もう一つの内容「国際連合や我が国の国際協力・国際交流」から「国際交流」だけ移行したことになります。

そのため、単元の前半はこれまで通り、いくつかの国を子供が選択して調べ、調べたことを交流する活動になります。その際、これまでは「異なる文化や習慣を理解し合う」としていた目標が、「世界の国の人々の生活は多様であることを理解する」ことや「異なる文化や習慣を尊重し合う」ことへの方向修正されている点に留意が必要です。つまり、比較して違いばかりを分析するのではなく、いくつかの文化を並べて多様であってそれぞれに背景があることなどに気付くようにすることが大切になります。

②国際交流の役割を考えるよう指導する

もう一つの「尊重し合う」ことについては、国際交流をどう加えれば単元構成ができるかということと関連付けて考えてみるよいです。例えば、「世界の国の人々の生活について調べて発表し合う」→「どうすれば世界の人々と共に仲良く暮らしていけるかを考え表現する」→「国と国がスポーツや文化などを通して交流している事例を調べる」→「自分が表現した言葉とどのように関係するかを具体的に考える」といった展開が考えられます。つまり、「互いを理解する」「文化を知り合う」「違いを認め合う」「尊重し合う」などと抽象的な表現で終わりがちだった学習に、交流事例を通してそれらの言葉の意味を具体的に考えるという深まりを加えるわけです。

あとがき

新学習指導要領は、平成30年度、31年度が移行措置期間になり、平成32年度からが全面実施になります。移行措置期間は、各学校の判断で新学習指導要領を先行実施できる期間です。逆に言えば、実施しなくてもよい期間でもあります。

しかし、先行実施するにしてもしないにしても共通してすべきことがあります。それは新学習指導要領をよく研究し、教材や指導計画を準備することです。本書がそのための一助になればこんなにうれしいことはありません。

残念ながら紙幅の関係で、新内容の教材化や授業づくりのアイディアには十分に触れることはできませんでしたが、今後、実践事例集や授業アイディア集などが出版されることでしょうから、それらの内容はお任せしたいと思います。

最後に、これからの教育を担う先生方にお伝えしたいたことがあります。

新学習指導要領では、目標や内容の大整理を行いました。まさに新世代社会科のスタートです。先生方には、ＩＣＴを駆使したりＧＴとの対話を仕組んだりして、新しい社会科の授業づくりを目指していただきたいと思います。それは、先輩が通ってきた道ではなく、新たに切り拓く道です。どうぞ、社会科教育の新しいリーダーとして活躍してください。社会科の研究校が少ない、社会科を専門に研究する先生が少ないなどと、マイナス要素にばかり目を向けても仕方ありません。少ないからあなたの役割が大きく、少ないからあなたが大活躍できるのです。これから社会科を学ぼうと思っている先生方も、今から参加すればすぐに活躍できますよ。

そして少数精鋭でもいいから、頑張って日本の社会科を引っ張って行ってください。大いに期待しています。

澤井　陽介

二〇一八年四月

【著者紹介】

澤井　陽介（さわい　ようすけ）

昭和35年東京生まれ
国士舘大学　体育学部こどもスポーツ教育学科　教授
昭和59年から東京都の大田区，新宿区，世田谷区で小学校教諭，平成12年から都立多摩教育研究所，八王子市教育委員会で指導主事，町田市教育委員会で統括指導主事，教育政策担当副参事を経て，
平成21年４月から国立教育政策研究所　教育課程研究センター
　教育課程調査官
　併任）文部科学省初等中等教育局教育課程課
　教科調査官
平成28年４月から文部科学省初等中等教育局　視学官
　併任）国立教育政策研究所　教育課程研究センター　教育課程調査官
平成30年４月から現職
平成15～19年度：教育課程実施状況調査委員，中央教育審議会
　社会専門部会委員，学習指導要領改訂協力者
平成25～27年度　『初等教育資料』編集長

【主な著書】
単著『小学校社会　授業改善の５つのフォーカス』
　図書文化社（2013.7）
　『授業の見方』東洋館出版（2017.6）
編著『社会科授業づくりトレーニングBOOKシリーズ』
　明治図書（2015.4）

小学校　新学習指導要領　社会の授業づくり

2018年４月初版第１刷刊　©著　者　澤　井　陽　介
2019年12月初版第５刷刊　発行者　藤　原　光　政
発行所　明治図書出版株式会社
http://www.meijitosho.co.jp
（企画）及川　誠（校正）広川淳志
〒114-0023　東京都北区滝野川7-46-1
振替00160-5-151318　電話03(5907)6704
ご注文窓口　電話03(5907)6668

＊検印省略　組版所　長野印刷商工株式会社

Printed in Japan　ISBN978-4-18-112618-6

資質・能力を育てる 問題解決型学級経営

赤坂 真二 著

Ａ５判 200頁
本体 2,000円＋税
図書番号 1388

やる気を成果に結びつける！曖昧さと決別する学級経営

なぜ，あなたのやる気が成果に結びつかないのか。曖昧さと決別する「問題解決型」学級経営。子どもたちの未来を切り拓く資質や問題解決能力は，日々の学級経営の中でこそ身に付けることができる。学校現場の，リアルな学級づくりの課題から考える辛口の学級経営論。

最高の学級づくり パーフェクトガイド

指導力のある教師が知っていること

赤坂 真二 著

Ａ５判 216頁
本体 2,000円＋税
図書番号 1695

1ランク上のクラスへ！最高の学級づくりバイブル

最高の学級づくりを実現するパーフェクトガイドブック。学級開きから学級目標やルールづくり，気になる子や思春期の子の指導，学級のまとまりを生む集団づくりの必勝パターン，いじめ対応からＡＬまで。章ごとの「チャレンジチェック」でポイントもよくわかる必携の書。

幼稚園 365日の集団づくり

日常保育編　年間行事編

吉村 裕・丸山 克俊 編著

日常保育編
Ａ５判 168頁 本体 1,860円＋税
図書番号 0888

年間行事編
Ａ５判 168頁 本体 1,860円＋税
図書番号 0889

この1冊で幼稚園1年間365日の活動づくりがわかる！

幼稚園の１年間３６５日の活動づくりについて，①活動の流れをまとめた「デイリープログラム」②感動した子どものつぶやき・行動を集めた「天使のひと言＆子どもの行動」③保育者視点の気づき・リアルな体験をまとめた「私の保育日誌」の３点を切り口にまとめました。

生活指導・生徒指導 すきまスキル72

低学年　高学年　中学校

堀 裕嗣 他編著

四六判 160頁
本体 1,800円＋税
図書番号 2803, 2805, 2806

ハードとソフトで指導のつまずきを解消！微細スキル72

生活指導・生徒指導で大切なのは，学校生活を送る上での基本的なことや定番の行事で起こり得るトラブル対応等，細かなことの積み重ねです。これらをうまく裁き機能させる「すきまスキル」を，規律訓練型の「ソフト」と環境管理型の「ハード」に分けてまるごと紹介しました。

明治図書　携帯・スマートフォンからは 明治図書 ONLINE へ 書籍の検索、注文ができます。▶▶▶
http://www.meijitosho.co.jp　＊併記４桁の図書番号（英数字）でHP、携帯での検索・注文が簡単に行えます。
〒114－0023 東京都北区滝野川７－46－１ ご注文窓口 TEL 03－5907－6668 FAX 050－3156－2790

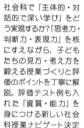

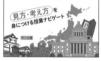

いつでも・だれでも・どこでもNIE
楽しく気軽に出来る授業づくりのヒント

土屋武志 監修　碧南市立西端小学校 著

Ｂ５判　96頁
本体 1,460円＋税
図書番号 0957

「社会を見る目」や
情報リテラシーを鍛える!
NIE授業

「教育に新聞を！」これからの子ども主体の学びを支えるものとして，新聞は格好の教材です。新聞比較によるリテラシー向上や，社会を見る目，「見方・考え方」を育てる取り組みなど，ＮＩＥ授業づくりの基礎基本と情報活用能力を高める授業モデルを豊富に紹介しました。

よくわかる学校現場の教育心理学
AL時代を切り拓く10講

堀　裕嗣 著

四六判　144頁
本体 1,560円＋税
図書番号 0989

AL時代を切り拓く
教師の生き方とは? 世界を
広げる10講

主体的・対話的で深い学び，いわゆるアクティブ・ラーニングが導入されるなど，激変する教育現場。ＡＬ時代を生き抜くには，教師は何をすべきなのか？「行動主義」と「認知主義」の学習理論，動機付け，メタ認知の視点から考える“ＡＬ時代を切り拓く”１０の提案です。

THE教師力ハンドブック

特別支援学級の子どものためのキャリア教育入門
基礎基本編　実践編

西川　純・深山智美 著

基礎基本編
四六判　128頁 本体 1,500円＋税
図書番号 2261
実践編
四六判　144頁 本体 1,600円＋税
図書番号 1390

子どもの生涯の幸せを
保障するために出来る
ことがある!

「特別な支援を必要とする子どもの一生涯の幸せを保障するために，学校が出来ることは?」保護者や施設，就職支援の方への実地アンケートをもとに，「学校卒業後を視野に入れた教育」「就労の仕組み」「今，卒業後の幸せのためにできる準備」とはどのようなものなのかを解き明かす，問題提起と提案の書。

学級経営すきまスキル70
低学年　高学年　中学校

堀　裕嗣 他編著

四六判　160頁
本体 1,800円＋税
図書番号 2751, 2753, 2754

ハードとソフトで
学級のつまずきを解消!
微細スキル70

学級経営のつまずきは，実は遅刻した子への対応や日常の給食指導等における細かなズレの積み重ねが原因です。本書ではおさえておきたい学級経営のスキルを７０の項目に分けて，「ハード編」として指導技術を，「ソフト編」として子どもに寄り添い支援する技術を紹介しました。

明治図書　携帯・スマートフォンからは **明治図書 ONLINE へ** 書籍の検索、注文ができます。▶▶▶
http://www.meijitosho.co.jp　＊併記４桁の図書番号（英数字）でHP、携帯での検索・注文が簡単に行えます。
〒114−0023　東京都北区滝野川７−46−１　ご注文窓口　TEL 03−5907−6668　FAX 050−3156−2790